The Book of
Spells

사랑과 행운을 부르는 마법의 책

The Book of Spells

Nicola de Pulford

니콜라 드 풀포드

사랑과 일을 당신의 뜻대로 하기 위한
40여 가지의 비밀스런 마법의 주문

Culture line 컬처라인

The book of spells – 사랑과 행운을 부르는 마법의 책

2003년 판
펴낸곳 (주)북21 컬처라인
펴낸이 김영곤
옮긴이 주윤정
기획 편집 권무혁 최진영 허남희
등록번호 제 10-1965호
등록일자 2000. 5. 6.

서울시 마포구 서교동 464-41 미진빌딩 4층
Tel. (02) 322-8979
Fax. (02) 322-9181
http://www.cultureline.co.kr
e-mail:cultureline@cultureline.co.kr

ISBN 89-509-7035-X 03600
값 12,000원

잘못된 책은 바꾸어드립니다.

차례

마법의 시작

물질 문명 속에서 하루하루를 살아가는 우리는 자연과, 자연의 마법이 주는 단순한 즐거움을 점점 잊어버리게 되었다. 그래서 누군가 마법에 관심이 있다고 말하면 놀란 눈으로 그 사람을 쳐다보거나 조롱하곤 한다. 하지만 그렇게 이상한 눈초리를 하는 사람들 외에도 누군가가 마법을 걸어주기만을 은근히 바라는 사람도 있다.

전통적인 마녀의 모습

비술 祕術

비술주의자는 알려지지 않은 것을 찾아 은밀한 곳을 탐험하는 사람이다. 자연의 섭리는 '숨겨진' 것이었고, 그래서 비술 祕術이라 했다. 옛날에 영매, 마녀, 마법사로 불리던 비술주의자들은 탄압을 피해 비밀스럽게 작업을 했다. 절대 권력을 가진 성직자들이 이들에게 무시무시한 탄압을 가했던 것은 공포와 탐욕, 질투, 미움 때문이었다. 그때는 마녀 사냥과 마녀 재판이 하나의 산업으로 발전되어 그 일에 관련된 사람들의 생계를 유지시켜주며 지역 경제를 활성화시켰다. 예수회 신부 프리드리히 폰 스프리(1591~1695)는 "우리가 마법사가 아닌 이유는 단지 고문을 받은 적이 없다는 사실 때문이다"라며 마녀 재판에 대해 강도 높게 비판을 했다. 대중들에 의해 자행되는 갖가지 학살은 수십 년 동안 사람들의 의식을 변화시키고 마법사들을 지하로 숨게 만들었다.

자연의 마법

17세기까지, 자연은 살아 있으며 모든 생명체의 영혼, 마음, 몸은 연결되어 있다고 믿었다. 그래서 몸의 병을 치유하기 위해서는 영혼이 균형잡

혀 있어야 한다고 생각했다. 과학 혁명이 시작되면서 인간은 자연을 성취를 위해 이용해야 할 대상으로 보기 시작했지만, 그 중요성에 대해서는 거의 관심을 기울이지 않았다. 그리고 최근에서야 과학 실험을 통해 모든 생명체는 그 본질이 같고 복잡한 생명의 고리를 담당하는 한 부분이라는 것을 겨우 깨닫기 시작했다. 우주의 모든 요소는 별로 상관없는 개별적인 것처럼 보이지만 사실 움직이는 파장이 다를 뿐 같은 에너지로 구성되어 있다. 우리는 한 생명체를 활기 있게 해주는 자연 속의 생명 에너지를 알아볼 수 있어야 한다. 그리고 우리를 둘러싸고 있는 자연의 마법을 작용시켜야 한다.

우리 안의 힘을 일깨우자

현대의 주관적인 세계에서는 자연적인 본능을 믿고 우리 안에 처음부터 간직해온 힘을 일깨우기가 매우 어렵다. 하지만 영혼, 몸, 마음이 연결되어 있다는 것을 받아들이고 마음의 에너지를 모으면 마술을 이용해 자신의 운명을 일으키고 조절할 수 있다.

이 책에 나오는 비술은 긍정적인 힘이다. 주문들은 모두 삶을 긍정적으로 생각하게 하며 인간 자신을 위한 것이다. 자연에 숨어 있는 마법의 에너지를 사

마법 책

용하기 위해 비밀 결사에까지 가입할 필요는 없다. 주술은 완전한 수 6과 같이 여섯 가지 부문으로 나누어져 있다. 각각의 부문에는 가장 풍부한 힘을 가진 마법의 숫자 7, 즉 일곱 가지 주술이 수록되어 있다. 그리고 책의 마지막에 봉합되어 있는 페이지 안에는 비상시에 사용할 수 있는 비밀스런 주술 세 가지가 있다. 잘 기억해두길!

마음의 마법

비싼 도구는 필요 없다. 대부분 동네 가게나 마당, 집안에서 쉽게 구할 수 있는 것들이다. 진짜 마법은 자신의 마음속에서 비롯되며 늘 사용하는 물건처럼 익숙한 것이다. 세상 모든 것을 당신 마음대로 할 수도, 즐길 수도, 자연으로부터 빌려올 수도, 자연에 되돌려 줄 수도 있다. 하지만 주술을 현명하게 사용하도록. 결코 다른 생명체를

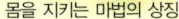

몸을 지키는 마법의 상징

조종하거나 해치기 위해서 사용해서는 안 된다. 내가 누군가를 증오하면, 나 자신도 증오의 대상이 되어 버린다. 주술을 행하는 과정은 자신이 하고자 하는 것을 재확인하는 것이므로 마음속에서 간절히 원해야 한다. 그러면 자신과 자신의 환경에 대해서 더 긍정적으로 생각하게 될 것이고, 마법은 이루어지게 되어 있다. 꼭 기억해야 할 것은 나는 특별한 존재라는 것, 마법은 실체가 있는 것이 아니라 우리 주변을 감도는 그 무엇이라는 것이다. 스스로 재료를 모으고, 자신만의 의식을 치르고, 약초를 구하기 위해 여행을 하는 일 등은 주술을 행하는 데 집중력을 높여주고 자연과 친밀해지는 데도 도움이 된다.

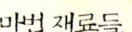

허브, 오일, 촛불 등 마법 도구

마법 재료들

주술에서는 양초가 많이 사용되는데, 부드럽고 자연스러운 빛이 마음을 집중시키기 좋은 분위기로 만들어 주기 때문이다. 또한 불은 중요한 영적인 요소이다. 자신의 마법을 도와줄 적당한 색의 양초를 골라야 한다. 주술마다 어울리는 색깔이 정해져 있는데, 14~15페이지에 마법에 어울리는 색에 관한 목록이 있다. 촛불에 집중할 때는 그 빛에 마음을 맡기고 자신을 둘러싼 보이지 않는 힘들을 그려보며 명상의 단계에 이르도록 해야 한다. 처음에는 마음을 집중하는 데 시간이 걸리겠지만 결코 포기하지 말고 훈련을 해서 익숙해지도록.

허브와 허브에서 추출한 오일도 많은 주술에서 중요하게 사용된다. 마법에 필요한 오일들을 구해 쉽게 찾을 수 있는 곳에 저장

달의 변화

해두고, 가능하다면 신선한 허브도 구해놓는다. 허브가 나지 않는 때를 대비해 말려 놓았다 쓸 수 있다. 공간이 있으면 직접 허브를 길러보는 것도 좋다. 그리고 허브를 직접 기르면 마법의 효력이 더 커진다는 것을 꼭 기억해 둘 것.

마법을 부리려면 오일, 석탄, 향로, 작은 병, 술잔, 가위 등은 계속 필요하다. 이런 물건들에 자신의 기운을 불어넣어 특별하게 만든 다음 꼭 마법을 위해서만 사용한다. 다른 재료나 늘 사용하는 도구들도 마찬가지다. 따라서 각각 모두 특별한 의미를 지닌다.

오일 버너

도움을 주는 것

달은 마법을 부리는 데에 없어서는 안 되는 중요한 소재이다. 모든 마법이 음력 어느 때 주술이 가장 강력한지 제시되어 있다. 일반적으로 보름달로 가고 있는 초승달이 떴을 때 힘이 커진다. 그리고 보름이 지나 달이 이지러지는 그믐에는 힘이 약해지고, 보름달일 때 가장 강력해진다.

마법을 행할 때 색과 수, 그리고 이들의 비밀스런 결합관계를 생각하라. 이들은 마법을 도와주는 것들로 원하는 마법을 위해 주술에 포함시킬 수 있다. 그 비밀스런 결합관계는 다음 페이지에 자세히 설명되어 있다.

소원 빌기

마지막으로 가장 중요한 것. 마법은 자신이 원하는 것을 이루기 위해 사용해야 한다. 어떤 경우라도 다른 사람이 불행해지는 상황을 만들어서는 안 된다. 불행은 자신에게 다시 되돌아올 뿐이다. 이 책의 주술들이 우리를 무지개 저 끝의 황금단지로 바로 데려다 주는 것은 아니다. 하지만 동기가 순수하다면 행운과 성공을 얻을 수 있을 것이다. 삶이 늘 그렇듯 풍부한 결실을 얻을 수 있게 하는 마법은 다름아닌 바로 노력과 성실이다.

황금단지

숫자와 마법

숫자는 마법에서 중요한 역할을 한다. 그래서 자신에게 행운을 가져다 주는 숫자가 무엇인지 아는 것 또한 매우 중요하다. 자신에게 특별한 수가 하나뿐인 것과 그 숫자로 자기의 성격을 파악하는 것이 단순하게 느껴질 수도 있지만, 살아가다 보면 끊임없이 '나'와 관련을 맺는 하나의 숫자나 패턴이 존재한다는 것을 알게 될 것이다.

유대식 숫자 조합 방식

1	2	3	4	5	6	7	8
A	B	C	D	E	U	O	F
I	K	G	M	H	V	Z	P
Q	R	L	T	N	W		
J		S			X		
Y							

유대식 숫자 조합 방식을 이용해 자신의 숫자를 찾는다. 알파벳 각각의 글자마다 어울리는 숫자가 있다. 유대 방식에 의하면 모음은 숨어 있어 적히지 않는데, 이는 마음과 내향적 성격이 작용하기 때문이다. 자음은 외향적인 성격을 의미한다. 자신의 이름에 있는 글자를 다 이용하건, 모음이나 자음만을 고르건 좋은 대로 한다. 먼저 이름에 해당하는 모든 숫자를 더한다. 그 합이 9를 넘는다면, 한 자리 숫자가 나올 때까지 계속 더하라. 예를 들면 John Smith는 1+7+5+5+3+4+1+4+5=35이므로 다시 3+5=8을 한다. 존의 숫자는 8이다. 11이나 22라는 숫자가 나온다면, 다시 더해 한 자리 수를 만들 필요가 없다. 이 두 숫자는 지혜가 많다는 것을 의미한다. 22는 우두머리 숫자이고(유대 글자는 22개이다), 11은 계시를 경험한 사람을 상징한다.

숫자를 찾았으면 그것을 마법에 다양하게 이용할 수 있다. 예를 들어 주술을 언제 행하는 것이 가장 좋은지, 혹은 어떤 색(15페이지 참고)의 옷을 입는 것이 가장 좋은지 등을 정할 때 자신의 숫자를 참고한다. 마법에서 숫자를 사용할 때는 언제나 그 숫자가 상징하는 색을 함께 생각하면서 주술을 행하도록 하라.

1 개척자, 지도자 성향이 있으며 강한 의지를 갖고 있지만 자기 중심적이다. 1은 물질적 풍요, 고독 그리고 고립을 의미한다.

2 수동적이고 수용적인 사람들의 숫자다. 친절하고 감수성이 예민하지만 조용히 자기 길을 걸어가는 이들이다. 2는 영적인 능력과 연관이 있다.

3 행운의 숫자로, 외향적이고 창조적이며 위트 있는 사람들을 상징한다. 화려할지 몰라도 인내력이 부족하다.

4 충실하고 성실한 사람들의 숫자로, 타고난 조직 관리자가 많다. 4의 사람들은 수호천사로, 공정하며 성공을 위해 엄청난 대가를 치르는 이들이다.

5 급진적이고 재빠른 사람들의 숫자로, 호기심이 많고 충동적이며 어딘가에 얽매이는 것을 싫어한다. 5는 섹스의 수이기도 하고 복잡한 관계로 이끄는 수이기도 하다.

6 완전수로, 조화 · 아름다움 · 진실 · 애정을 의미한다. 6의 사람들은 창조적이고 예술적이지만 때로는 까다롭고 허영심도 있다.

7 마법의 숫자로 학자와 신비주의자, 고귀한 사람들과 자아에 몰두한 사람들을 의미한다. 7의 사람들은 냉담할 수도 있는데, 이것은 자신의 생각을 말로 표현하기 어려워하기 때문이다.

8 직관, 번영, 조직을 의미한다. 강인하고 견고하고 부유한 8의 사람들은 힘들게 노동해서 성공한 경우가 많아 비관적으로 보일 때도 있다.

9 지식인과 이상주의자의 숫자이다. 강인한 힘과 자기 규율, 그리고 야망을 상징한다. 9의 사람은 세상의 이목을 바라며 질투심도 있고 변덕스럽다.

11 이상주의자의 숫자이다. 11의 사람들은 일에 사명감을 갖고 있으나 다른 사람들 때문에 고통을 겪는다.

22 '우두머리' 수로 다른 수가 갖고 있는 최고의 자질과 속성을 포괄한다.

색깔과 마법

색은 복잡하지만 마법에서는 매우 중요하다. 색에 둘러싸여 있는 우리는 색으로 인해 놀라운 경험을 한다. 이글이글 타오르는 듯한 붉은 해가 고요한 바다 위로 모습을 드러낼 때는 숨이 막혀버릴 정도이다. 색깔은 편안한 환경을 만들어 주기도 하는데, 온화한 빛은 명상하기 좋은 부드러운 분위기를 연출한다.

모든 색은 특유의 파동과 심리적인 효과를 지니고 있으나 우리들은 잘 느끼지 못한다. 색을 이용한 마법은 수천 년 동안 인도와 중국에서 치료에 필수적으로 사용되어 왔다. 주술을 행할 때 자신의 피부와 비슷한 색, 적절한 마법의 효력을 지닌 색, 혹은 좋아하는 색의 실크 조각을 몸에 지니면 색이 지니고 있는 힘으로 내적 능력을 키울 수 있다고 한다. 색의 특징과 마법의 관계는 아래와 같다.

흰색은 정신적인 의미가 있어, 악령을 내쫓으며 새롭게 시작함을 의미한다.

오렌지색은 기쁨, 낙관주의, 그리고 성공하고자 하는 의지를 상징한다.

붉은색은 삶의 에너지, 생명력, 힘 그리고 의지를 뜻하며 행운을 불러들인다.

갈색은 보호하는 방패의 색으로 자연스러운 지혜와 자연의 일치를 의미한다.

분홍색은 사랑의 색이자 화해, 우정, 행복, 조화의 색이다.

노란색은 마음을 상징하고 성취와 배움을 의미한다.

초록색은 휴식과 안정을 뜻하며 번영과 번식을 상징한다.

파란색은 정령의 색으로 치유와 이상주의, 그리고 비밀스런 보호를 의미한다.

보라색은 강한 영혼을 뜻하며 더 높은 세계와의 관계를 암시한다.

검정색은 복수를 뜻하며 죽은 이와의 대화, 그리고 종말을 의미한다. 하지만 새로운 시작의 씨앗이란 뜻도 있다.

은색은 예지의 색이자 직관력을 상징하며 잠재된 힘을 일깨운다.

금색은 위대한 성취, 부, 그리고 장수를 의미한다.

색과 수의 관계

1 흰색 (white)

2 군청색 (midnight blue)

3 녹색 (moss green)

4 갈색 (peat brown)

5 빨간색 (ruby red)

6 노란색 (golden yellow)

7 보라색 (purple)

8 오렌지색 (orange)

9 진주색 (mother of pearl and the color of the moon)

10 파란색 (sea blue)

11 은색 (silver)

22 금색 (gold)

신령스러운 나무와 식물

모든 문화에는 신령스러운 나무가 등장한다. 지리적 위치에 따라 나무는 달라도 마법과 영적인 의미는 같다. 행운과 희망을 기원하며 나무를 만지는 등의 행동은 나무의 정령과 소통하고자 하는 믿음에서 비롯되었다.

켈트 인들은 한 해를 달의 운행을 따라 정했다. 보름에서 다음 보름으로 이어지는 주기가 한 해에만 열세 번 반복된다. 그리고 달의 이름은 신령스런 나무들의 이름을 따서 지어졌다. 주술을 행하는 달에 맞추어, 켈트 식 달력에 적혀 있는 나무를 사용하거나 비슷한 재료를 덧붙이기만 해도 주술의 힘이 커질 수가 있다.

켈트 식 달력	어울리는 나무	날짜
베스	자작나무	12월 24일 ~ 1월 20일
리쉬	로완	1월 21일 ~ 2월 17일
뉘운	물푸레나무	2월 18일 ~ 3월 17일
훼언	오리나무	3월 18일 ~ 4월 14일
샤류	버드나무	4월 15일 ~ 5월 12일
후아	산사나무	5월 13일 ~ 6월 9일
두어	떡갈나무	6월 10일 ~ 7월 7일
친유	감탕나무	7월 8일 ~ 8월 4일
컬	개암나무	8월 5일 ~ 9월 1일
문	포도나무	9월 2일 ~ 9월 29일
고트	담쟁이덩굴	9월 30일 ~ 10월 27일
니에틀	갈대	10월 28일 ~ 11월 24일
뤼쉬	딱총나무	11월 25일 ~ 12월 22일

12월 23일은 어느 나무의 영향도 받지 않는다. 일 년 중 하루가 남는 날이기 때문에, 다시 말해 윤년에만 나타나는 남는 날을 보충하기 위해 만든 것이다.

마법의 나무와 꽃들

옛날부터 식물과 꽃은 초자연적인 능력을 지녔다고 여겨져 왔다. 우리는 탄생부터 죽음에 이르기까지 중요한 행사들을 기념할 때 꽃을 사용했고, 식물에서 약품의 원료를 얻어내고 있다. 맨드레이크의 경우, 미래를 예측하는 주술에 전통적으로 사용되어 왔다. 그 뿌리가 사람의 모습을 닮았기 때문이다. 개암나무는 지금도 지하수를 찾을 때 수맥탐사기구로 이용되고, 좁쌀풀과 버베나는 예지력을 높이기 위해 사용된다.

과거에 '현명한 여자' 혹은 '마녀' 라 불리던 여인들은 자연과 벗하고 살며 자신들만의 특수한 식물을 키우곤 했다. 그래서 정원은 그들에게 자궁과 같은 성역이었다. 이곳에서 치료와 마법에 사용되는 식물들, 즉 위험을 물리치거나 연인을 유혹하기 위한, 그리고 행운 · 행복 · 건강 · 부를 비는 주술에 사용되는 것들을 재배했다.

사랑의 상징들

알다시피 장미는 사랑의 상징이자 수천 년 동안 사랑의 묘약으로 사용되었다. 아름다움, 완벽함을 의미하며 특히 백장미는 침묵의 상징이다. 마법사들에 의하면 장미꽃잎의 수에는 특별한 의미가 있다고 한다. 꽃잎이 일곱 장이면 완벽함, 여덟 장이면 재생을 의미한다. 사랑의 묘약에 사용되는 꽃들은 보통 이름에도 그런 뜻이 반영되어 있다. 사랑으로 마음 아파하는 이들의 마음을 달래는 주술에는 팬지꽃이 이용되기도 했다.

행운과 평화 부르기

중세의 연금술사들은 행운을 기원할 때 고추나물과 레이디스맨틀을 즐겨 사용했다. 해바라기, 사과꽃, 버베인, 봉선화, 히스 등도 행운을 가져다주는 식물이다. 재물운을 기원할 때는 합전초, 개암나무, 로즈마리 등을 사용했다. 라일락, 아몬드 나무, 인동초도 부를 가져다 준다고 한다.

너도밤나무, 마가목, 개암나무, 산사나무 등은 전통적으로 호신과 악령으로부터 보호를 기원할 때 많이 사용되었다. 모란은 그리스 인과 중국인 들에게 성스러운 식물로 여겨졌는데, 유럽에서는 모란씨를 하얀 줄로 엮어 몸을 보호하기 위해 목에 걸고 다녔다고 한다. 이탈리아 사람들은 베토니를 좋아해서 '코트를 팔아서 베토니를 살지어다' 라는 속담이 있을 정도다.

집안 분위기를 평화롭고 안정되게 만들고 싶으면 이런 식물들에 관심을 기울여 보자. 라벤더, 자작나무, 히숍, 아이리스, 카모마일, 예르바 산타, 단풍나무, 접시꽃, 감탕나무, 담쟁이덩굴 등등등.

사랑을 뜻하는 장미
행운을 뜻하는 해바라기

마법의 기호와 상징

강력한 마법의 힘을 발휘하는 물건들을 몸에 지니거나 새기는 풍습은 어느 문화에나 있었다. 특히 부적에는 신비한 힘이 있어서 그것을 지니고 있으면 좋은 일이 일어난다고 믿었다. 호신용 부적은 위험과 악을 물리쳐 주는 효과가 있으며 보석, 탄생석, 금속, 허브, 양피지 조각 등 전설이 담겨 있는 물건들이 흔히 부적으로 이용된다.

보석은 자연스런 아름다움, 금전적 가치 그리고 주술 효과 때문에 사람들의 사랑을 받아왔다. 옛날에는 반지를 장식하는 조그만 보석이나 목걸이에 거는 장식품을 주로 부적으로 사용했다. 반지는 끝도 시작도 없기 때문에 성취, 완전함, 불멸을 상징하며, 결혼반지가 등장한 것도 여기에서 비롯되었다. 반지를 낀 부부는 반지처럼 조화롭고 완전하게 살아갈 것이라고 믿는 것이다. 반지를 보석으로 장식할 때는 보통 마법의 기호를 새기거나 특별한 허브를 보석 밑에 숨겨 놓아 강력한 자연의 힘을 지니게 했다. 앙리 코르텔리우스 아그리파(1486~1536)라는 유명한 마법사는 마법의 반지 만드는 법에 대해 이렇게 말했다.

"어떤 별(행성)이 달과 함께 떠오를 때면, 그 별의 영향을 받는 돌과 허브를 가지고 반지를 만들어야 한다. 허브나 식물 뿌리를 돌 밑에 넣고, 그림·이름·글자·향기 등을 빠트리지 않고 넣은 후에 돌을 묶어야 한다."

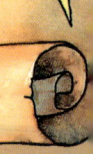

신비한 보석들

자신이 탄생한 달과 어울리는 보석을 마법의 부적에 넣어라. 그리고 주술에 행운을 더 불어넣거나 성공 가능성을 높이려면, 주술을 행하는 달의 보석을 덧붙인다.

1월 에메랄드

2월 혈석

3월 옥

4월 오팔

5월 사파이어

6월 월석

7월 루비

8월 다이아몬드

9월 마노

10월 벽옥

11월 진주

12월 오닉스

기호와 인장들

마법에서 중요하게 여겨지는 전통적인 기호와 인장이 있다. 이것들은 주술에 사용하거나 행운의 부적에 덧붙일 수 있다.

악마의 시샘을
막아주는 부적

마법의 원

봄의 인장

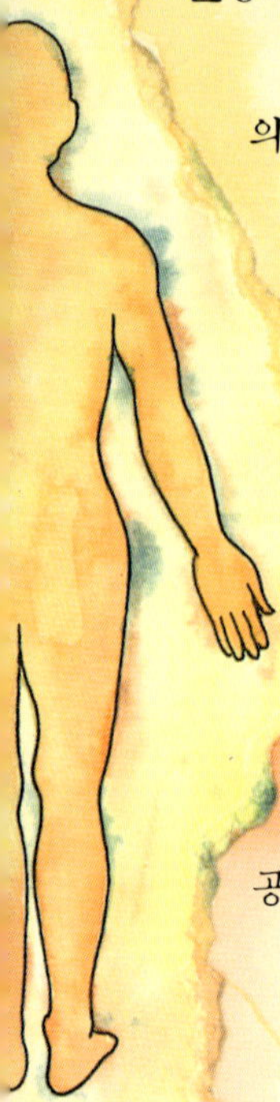

관능적이고 초자연적인 일곱 가지 주술. 자연을 이용한 마법의 정수만을 모아 몸과 마음에 새로운 활기를 주게 한다.

과학과 의학이 발달한 현대에도 많은 사람들은 여전히 조상들의 지혜에 바탕을 둔 치료법과 허브 치료를 받아들이고 있다.

이런 주술은 대자연과 육체적, 정신적, 영적으로 공존할 수 있는 예민한 감각을 갖게 해준다.

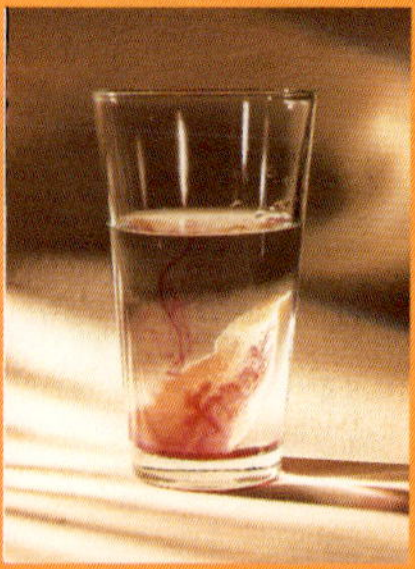

향기나는 부적

빛의 꽃

페퍼민트 크림

빨간 리본 길

Look Good, Feel Good

빛과 꽃

버베인 마사지

한여름의 아침 햇살

새벽 이슬

향기나는 부적

머리카락을 빛나게 하고 젊은이와 같은 활기를 찾아주는 헝가리 식 미약美藥

필요한 것

로즈마리와 해바라기 오일

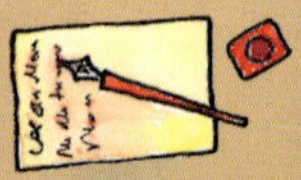
종이, 빨간 잉크, 만년필

로즈마리 가지 하나

샘물 한 잔

14세기의 한 은자隱者는 헝가리 여왕 이자벨라에게 로즈마리 꽃을 이용해 미약을 제조해 주었다. 72세의 이자벨라는 하루하루 죽음만을 기다리는 지경이었는데, 이 약을 일 년 동안 꾸준히 먹고 나서는 아름다움과 건강을 되찾아 폴란드 왕의 청혼을 받을 정도였다. 로즈마리는 몇백 년간 사용되어 오면서, 특출한 효능을 가진 비약으로 평가받고 있다. 1525년에 뱅스 허발은 "로즈마리 잎의 냄새만 맡아도 젊어진다"고 말했다.

방법

로즈마리 오일 다섯 방울을 해바라기 오일 25밀리리터에 희석한다. 오일을 머리카락에 마사지하듯 머리끝까지 고루 바르며 눈을 감고 멋진 향기를 맡아본다.
빨간 잉크로 종이 위에 이름을 쓰고 로즈마리 가지를 샘물 컵에 담그고 이렇게 노래를 불러본다.

**"바다 이슬이 나의 매력을 강하게,
사랑과 우정을 나에게 주네."**

종이를 컵에 집어넣고 잉크가 번지게 한다. 이것은 당신의 원기가 퍼지는 것을 상징하는 것이다. 잉크 색이 바래면 종이를 꺼내고 샘물로 머리카락에 묻은 오일을 씻어내라. 주술의 효과를 높이려면 하룻동안 로즈마리 가지를 몸에 지니고 다닌다.

빛의 꽃

근심으로 마음이 어두워졌을 때 활기를 주기 위해 하는 켈트 식 겨울 주술

필요한 것

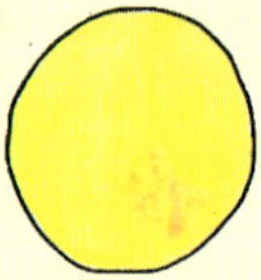

노란색의 둥글고 큰 천

고추나물 오일 (혹은 붉은색 액체)

노란 양초 두 자루

노란 꽃들

켈트 인들은 샛노란 고추나물 꽃을 태양의 치유, 혹은 생명을 주는 힘의 상징으로 여겼다. 고추나물은 마법의 힘을 가진 대표 식물로 부정을 막아 준다고 한다.

방법

바닥에 노란 천을 깔고 피처럼 붉은 고추나물 오일 몇 방울(당연히 구하기 어려울 것이다. 대신 붉은 빛이 나는 액체를 사용해도 된다. 예를 들면 레드와인)을 그 위에 뿌린다. 양초에도 기름을 몇 방울 발라주고, 꽃을 두 묶음으로 나눈다.

천 한가운데 앉아서 꽃묶음을 자신의 양 쪽 가장자리에 놓는다. 촛불을 켜 천의 가장자리, 하나는 앞에 하나는 뒤에 놓도록. 활짝 핀 꽃 두 송이를 골라 양손에 똑바로 쥔다. 그리고 마음을 앞에 있는 촛불에 집중하고 이렇게 노래한다.

"오, 치유의 빛이여. 나를 감싸주시고,
내 영혼의 어두운 순간을 비춰주소서."

촛불의 빛이 향기를 내뿜으며 손바닥에 있는 꽃으로 끌려오고 있다고 상상해라. 그리고 자신의 몸 구석구석으로 그 빛이 스며들고 있다고 생각해라. 정신 집중을 최소한 20분간 지속하면, 일어설 때는 우울한 기분이 이미 사라져 있을 것이다. 주술을 완벽하게 하려면 손에 쥐었던 꽃은 자연에게 돌려주어야 한다.

페퍼민트 크림

기분이 우울할 때 이 주술을 행하면, 활력의 꽃인 페퍼민트가 기운을 불어넣어 줄 것이다.

필요한 것

페퍼민트 차

페퍼민트 오일

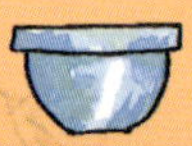

큰 대야와 물

고대 이집트 인, 그리스 인, 일본인, 중국인, 로마 인은 페퍼민트를 소중히 여겼다. 그리스 운동선수들은 시합 전에 페퍼민트 오일을 근육에 바르곤 했다. 페퍼민트의 이름은 '생각' 이란 뜻의 라틴어 'mente' 에서 비롯되었는데, 그 이름처럼 로마 인들은 페퍼민트를 두뇌를 자극하기 위해 사용하기도 했다. 페퍼민트 치료는 30분 정도 걸린다.

방법

끓인 물로 페퍼민트 차를 만들어 5분이나 10분쯤 기다린다. 그리고 뜨거운 물이 든 커다란 대야에 다섯 방울 정도의 페퍼민트 오일을 떨어뜨려 발 목욕을 준비해라. 모든 동작은 정성스럽게 하고 앞으로 할 일만 생각하도록. 시계 방향으로 페퍼민트 오일을 저으면서 오일이 원을 그리며 흩어지는 것을 지켜보며 노래를 한다.

"내 눈가에 어린 근심을 없애주시고,
곧 기운이 샘솟게 해주세요."

몸을 감싸는 편안한 의자에 앉아 발을 담그고 페퍼민트 차를 마셔라. 눈을 감고 발끝으로부터 온몸에 퍼지는 온기와 차의 향을 느껴 보도록. 따뜻함과 진한 향이 모든 감각을 자극해 몸은 천천히 빛나며 활기를 되찾게 된다.

빨간 리본 길

몸과 마음, 영혼을 조화롭게 하는 아메리카 인디언 주술

필요한 것

깃털

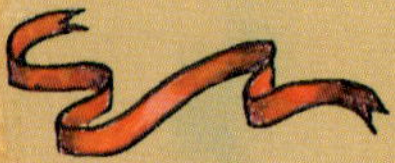

긴 빨간 리본

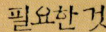

빨강, 노랑, 흰색 콩

아메리카 인디언들은 우리가 인간의 몸을 빌어 여행을 하고 있는 영적인 존재로, 모두가 거대한 영혼의 일부라고 믿었다. 우리의 몸은 죽으면 다른 생명체와 마찬가지로 자연으로 돌아갈 껍질에 불과하지만, 영혼은 보이지 않는 완전한 영적 세계로 돌아간다는 것이다. 도시에 살고 있는 우리는 자연과 접촉이 거의 없는 형편이다. 더 이상 생명계의 품안에 파묻혀 자연 속을 걸어다니지도 않는다. 주술은 이러한 우리들의 지친 영혼을 회복시켜 준다. 빨강, 검정, 노랑, 그리고 흰색은 인류를 뜻하고 생명계의 네 가지 부분을 의미한다.

방법

자연 속에서 혼자가 될 수 있는 공간을 찾는다. 일상생활을 모두 뒤로 한 채 문 밖으로 걸어 나간다고 상상해보아라. 멈추고 싶을 때까지 시계 방향으로 걷다가 멈추는 곳에 깃털을 놓는다. 계속 걷다가 깃털 놓은 곳에 다시 서게 되면, 그곳이 바로 '자신의 공간' 이다. '자신의 공간' 을 찾을 때까지 반복해서 걸어라.

빨간 리본을 원형으로 만들어 한가운데 깃털이 오게 놓는다. 원의 각 부분에 색깔 있는 콩을 놓고, 깃털을 집어 깃털이 있던 자리에 앉아라. 주변을 둘러보면서 그 공간의 기운을 흠뻑 마시도록. 모든 감각을 열어서 생명체들이 숨쉬고 있는 공기를 들이마셔라. 공기는 거미줄처럼 자신과 다른 생명체들을 연결시켜준다. 얼굴에 닿는 산들바람과 손에 있는 깃털의 감촉을 느끼며 조화를 이루어라. 사용한 콩과 깃털을 잘 정리해두었다가 이 의식을 가능한 자주 행하도록 한다.

고대의 마법

고대 문명의 마법을 알면 오늘날의 마법에 대해 통찰력을 가질 수 있다. 이집트, 바빌로니아, 그리스 등의 고대 문명을 기록한 문서와 유물들로 과거의 마법은 어떠했는지, 그리고 현재의 마법에 어떤 영향을 끼쳤는지 알 수 있다.

이집트

이집트 인 중에는 고대 세계의 가장 위대한 마법사들이 있었다. "현재 전해지고 있는 마법이 열이라면 그 중 아홉이 이집트 것이다"라는 말조차 있을 정도이다. 이집트의 마법은 환생에 대한 믿음, 무생물과 생물 모든 것 안에 신이 있다는 믿음 등을 포괄하며 복잡하게 발전했다. 또 최초로 마법을 여러 유형으로 나누기도 했다. '하급 마법'으로 불리던 '우아(ua)'는 육체적 세계의 건강, 돈, 행운을 위한 것이고, '고급 마법'이라 불리던 '헤카우(hekau)'는 영혼에 관한 것이다.

이집트 마법은 대개 『사자死者의 서書』를 통해 전해진다. 여기엔 영혼이 사후세계로 긴 여행을 할 때 위험과 악을 쫓아버리기 위한 주술, 의식, 주문에 관한 내용이 들어 있다.

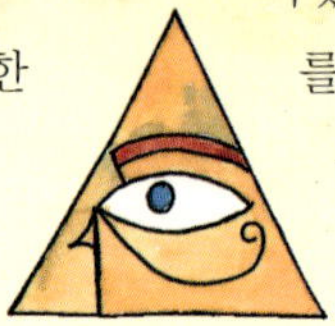
호루스의 눈

오시리스

호루스

이집트 인들은 말에 마법의 힘이 있다고 믿어 그 힘을 보전하기 위해 상형문자를 만들었다. 상형문자 중 하나인 호루스의 눈은 마법에도 자주 등장한다. 호루스는 오시리스와 이시스라는 두 주신主神의 아들이다. 세스는 질투에 눈이 멀어 동생 오시리스를 살해했다. 호루스는 세스를 공격해 아버지의 복수를 했다. 그러나 호전적인 세스는 호루스의 눈을 도려내 버렸다. 고대 이집트에서 눈은 영혼의 상징으로 여겨졌다. 그래서 눈을 잃은 세스는 사후세계에 들어갈 수 없어 새의 머리를 한 해결의 신이 호루스에게 부적으로 만든 눈을 되돌려주었다. 사후세계에 들어가기 위해 고대 이집트 인들은 죽은 이에게 눈이 그려져 있는 부적을 붙였다. 하이티, 위칸, 부두, 오베아, 그리고 인도의 신비주의 전통에서도 '모든 것을 보는 눈' 혹은 '제3의 눈'이라는 상징이 등장한다.

이스타르의 별

바빌론

바빌론의 고대제국 역시 마법의 자원이 풍부한 곳이다. 바빌론은 현재의 이란과 이라크 자리에 있었다. 바빌론 인들은 '매듭 마법'을 발전시켜, 매듭을 맺고 풀며 건강, 재산, 사랑을 관리하려 했다. 마법 의식에서 왁스로 된 인간상을 사용하는 것 역시 바빌론에서 비롯되었다. 바빌론 마법에서 가장 중요한 인물은 풍요와 사랑의 여신 이스타르인데, 악령을 몰아내기 위해 불려나오곤 한다. 이스타르의 여덟 겹 별은 호신용 부적으로 사용되기도 했다. 사람들의 소원을 들어주기 위해 연기와 향 속에서 나오는 알라딘 램프의 '지니'는 바로 이스타르의 후손이다.

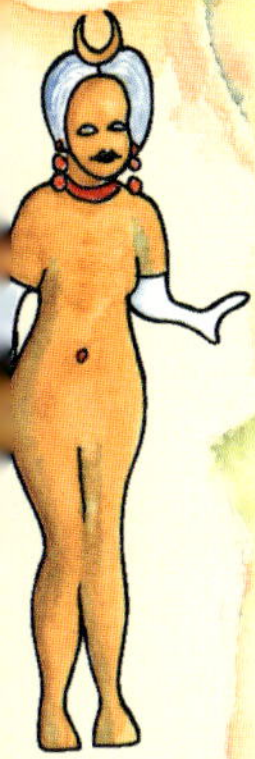
이스타르

그리스

오늘날 우리는 고대 그리스 인들이 논리적이고 과학적이었을 것이라고 생각한다. 그러나 사실 과거의 마법에 대한 숭배는 철학자들에 의해 은폐되었을 뿐, 수학자로 이름 높았던 피타고라스 학파 역시 마법을 행했다. 단지 거기에 철학적 고찰을 덧붙였을 뿐이다.

그리스 마법에서는 '이름'을 신성시했다. 한 개인의 인생이 이름에 그대로 담겨 있다고 믿어 이름, 알파벳, 글자에 엄청난 마법적 의미를 두었다. "아브라카다브라(abracadabra)"라는 주문 역시 그리스 어에서 비롯되었다. 원래 그리스 문자는 피라미드 형태로 쓰여져 악령을 쫓아내는 부적으로 목에 걸고 다녔다. 문자는 병을 물리치는 데도 이용되었다. 파피루스 종이에 글씨를 새겨서 동쪽으로 흐르는 시냇물에 그 종이를 던져, 글씨와 함께 질병이 바다로 가 없어지기를 바랬다. 고대 그리스 인들은 친한 사람들에게조차 자신의 이름을 밝히지 않는 경우가 종종 있었다. 사악한 주술에 걸리지 않기 위해서였다. 마찬가지로 전쟁에서도 전투 이름이나 장군 이름을 언급해선 안 되었다. 적이 주술을 걸어 그들을 이용하는 것을 막기 위해서였다.

ABRACADABRA
ABRACADABR
ABRACADAB
ABRACADA
ABRACAD
ABRACA
ABRAC
ABRA
ABR
AB
A

한편 그리스 인들은 희생제를 지내기도 했다. 새로운 건물이 세워지면 수탉이나 양 등을 죽여 피가 주춧돌에 흐르게 하고 그 돌 밑에 희생 동물을 묻었다.

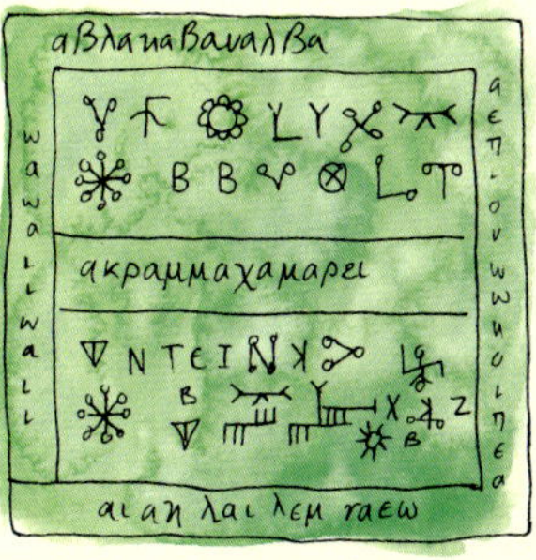

그리스 부적

버베인 마사지

기운을 북돋우기 위한 고대 드루이드 신앙에 기초한 주술

필요한 것

버베인 잎

로즈오토, 샌달우드, 해바라기 오일

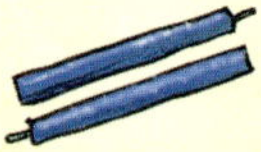

파란 양초 두 자루

버베인은 드루이드들이 가장 신성하게 여기던 허브 중 하나로, 제단 청소, 예언, 부적, 그리고 중요한 주술에 쓰였다. 또 마녀 사냥에도 자주 언급되어 그것을 지닌 사람을 보이지 않게 하고 날 수 있게 한다고 여겨졌다. 이 주술이 정말 사람을 날게 하지는 않지만 기운을 북돋워 줄 것이다.

방법

버베인 잎을 모아 보름달을 바라보며 달빛을 머금게 해라. 그리고 잎을 쥔 손을 쫙 뻗어 다음과 같이 반복해라.

"신성한 허브에 빛이 스며들게 하고,
밤낮으로 힘이 솟아나게 하소서."

버베인에 달 기운이 차면, 나중에 쓰고 싶을 때를 위해 저장해 둘 수도 있다. 마사지하기 전에 끓는 물에 버베인 잎을 집어 넣고, 10분 동안 우러나게 한다. 그 동안 로즈오토 오일 두 방울과 샌달우드 오일 다섯 방울을 25밀리리터의 해바라기 오일에 희석한다. 그리고 버베인 물을 걸러서 목욕물에 붓고 몸을 최소한 10분간 충분히 담근다. 그래야 효과가 충분해진다. 그리고 목욕이 끝나면 파란 초가 켜진 따뜻한 방에서 오일로 마사지를 한다. 발목에서 허벅지까지 천천히 올라가 전신을 부드럽게 마사지해라. 마지막으로 눈을 감고 몇 초 동안 숨을 깊게 쉬며 마무리한다.

"신성한 허브에 빛이 스며들게 하고,
밤낮으로 힘이 솟아나게 하소서."

한여름의 아침 햇살

안데스에서 히말라야까지 육체적 건강을 기원하며 행해졌던 여름 의식

필요한 것

거울 두 개

오렌지 꽃이 든
꽃병 두 개

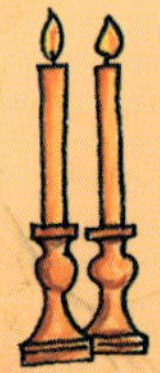

오렌지색
양초 두 자루

하얀색의 긴 리본

하지, 즉 6월 21일에 행하면 가장 효력이 있는 7일짜리 주술이다. 6월은 '딸기의 달' 로 유럽의 농부들이 달빛을 이용해 딸기나 다른 곡물을 수확하는 때다. 6월은 또한 '한 해의 문' 으로도 불리는데, 낮이 가장 길고 밤이 짧아 생명을 주는 햇빛이 비치는 상징적인 문이 열려 만물을 잘 자라게 하고 악령을 내쫓았기 때문이다.

이 주술을 위해서는 먼저 6월 21일이 되기 며칠 전부터 필요한 재료들을 준비하고, 거울이 제자리에 세워져 있는지 점검해야 한다.

방법

햇빛에 일광욕하기 위해 아침 햇살이 비치는 방을 고른다. 방 양쪽에 꽃병을 하나씩 놓고 그 뒤에 거울을 설치하는데, 거울 하나가 햇빛을 직접 비추어 다른 거울로 반사되도록 한다. 양초를 일곱 조각으로 나눠 거울 근처에 놓는다. 햇빛이 거울에 비치자마자 촛불을 켜라. 촛불 첫 조각이 타들어가는 동안 두 번째 손가락을 리본의 끝으로 묶고 나머지는 내버려둔다. 두 거울 사이 한가운데서 햇빛을 느끼며, 천천히 시계 방향으로 돈다. 나부끼는 리본을 통해 햇빛이 온몸으로 빨려 들어오게 하고 마음은 빛에 집중한다. 태양을 향해 육체와 영혼의 건강을 빌며 태양이 함께 있음을 감사한다. 6일 동안 양초의 나머지 여섯 부분이 모두 탈 때까지 아침마다 이 주술을 반복한다.

새벽 이슬

유럽 민속에서 비롯된 아침 이슬 속의 춤은 활기 찬 하루를 맞이하게 해준다.

필요한 것

활짝 핀 꽃

하늘거리는 실내복

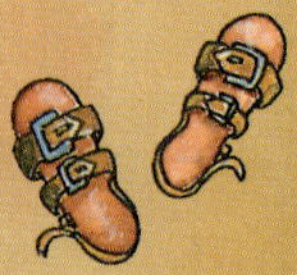
샌들

고대 신화에서부터 시골의 풍습에까지 이슬은 언제나 아름다움, 혹은 힘을 주는 것으로 여겨져 마법에서 중요시되었다. 중세 연금술사들은 이슬을 모아 비약을 만들어 '하늘에서 내려온 물'이라 불렀다. 아가씨건 시골 아낙이건 모두 들판으로 나가 '이슬 맞이'를 하며 얼굴을 닦았다. 날씨가 따스한 날 새벽에 이 주술을 해보도록.

방법

이 주술을 행하기에 가장 적합한 장소는 초원이다. 마당의 잔디도 좋다. 주술을 하기 하루 전, 활짝 핀 꽃을 사거나 꺾어둔다. 아침 일찍 일어나 가벼운 옷을 입고 샌들을 신는다. 꽃을 손에 쥐고 조용히 잔디밭으로 나가 아침의 향긋한 냄새를 깊이 들이 마셔라. 샌들을 벗고 발가락 사이로 벨벳과 같은 잔디의 감촉을 느껴볼 것. 그리고 얼굴과 손을 이슬로 적시며 다음과 같이 외워라.

"아침부터 해 질 때까지 저를 둘러싸고 있는 하늘, 불, 물, 땅에 감사를 드리나이다."

좀더 내킨다면, 옷을 벗고 당신의 몸 구석구석에 이슬의 마법이 스며들게 해보아라.

하늘
땅
“아침부터 해 질 때까지 저를 둘러싸고 있는
하늘, 불, 물, 땅에 감사를 드리나이다.”
불
물

연인을 유혹하고 지키기 위한 일곱 가지 주술.

새로운 사랑을 유혹하거나 지금 사랑에 빠져 있는 사람과

새로운 기분을 느끼고 싶은 사람을 위한 주술이 있다.

하지만 기억해 둘 것. 이 마법은 마음에 두고 있는 사람이

이미 다른 사람과 사귀고 있거나 당신과 어울리지 않는다면 효력이 없다.

연인과 좀더 가까워지고 싶을 때,

이 간단한 사랑의 마법으로 도움을

받아보는 것도 좋을 듯.

생명의 향신료

특별한 춤

사랑의 술

미래의 연인

Catching & Keeping

유혹의 의식

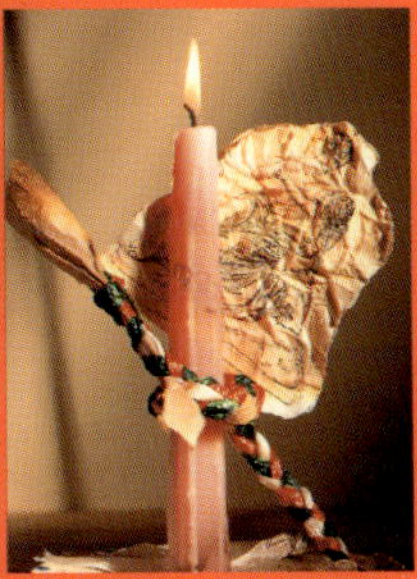

인연의 끈으로 묶기

마법의 장미

사랑의 씨앗 키우기

생명의 향신료

리비도를 높여주는 인도식 육감적인 의식

필요한 것

생명의 향신료

오일 버너

머스크 오일과
패큘리 오일

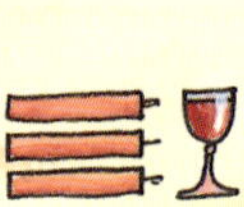

핑크색 양초와
와인

주술을 행하기 하루 전에 재료를 준비하고 '생명의 향신료' 에 자신의 모든 사랑을 담는다.

재료 | 오일 4테이블 스푼, 클로브 3개, 시나몬 껍데기 조각, 카다몬 깍지 하나, 커다란 양파 3개, 커민 · 코리앤더 · 마늘 가루 각각 1티스푼, 소금 $\frac{1}{4}$–1 티스푼, 칠리파우더, 고기 600그램, 생선이나 야채, 간 생마늘 2티스푼, 인도식 쌀 조금.

방법 | 두꺼운 팬에 기름을 두르고 클로브, 시나몬, 카다몬을 넣는다. 2분 후에 양파 썬 것을 집어넣고 5분 동안 중불에서 익힌다. 가끔 저어 주다가 고기, 생선 또는 야채를 넣고 향료와 잘 섞이도록 젓는다. 마늘을 넣은 후 모든 재료가 잠길 정도로 물을 부어 고기를 넣은 후 1시간 30분 가량 익히고, 생선과 야채는 30분 정도를 끓인다. 식으면 냉장고에 보관한다.

방법

오일 버너에 오일 몇 방울을 넣어 물을 증발시키며 향을 피우고, 촛불을 켜 감각적인 분위기를 연출해라. 그 다음 밥을 하고, 주요리를 데운다. 이때 요리를 저으면서 다음과 같이 노래한다.

"옴 마니 파드메 홈
(오, 연꽃의 마니주여!)"

파트너와 함께 와인과 음식을 나누어라. 그러고 나면 서로 화합해 무엇이든 함께 할 수 있을 것이다.

특별한 춤

관계를 굳건히 하기 위한 아프리카 의식의 춤

필요한 것

불을 지피기 위한 나무

와인 한 병

작은 조약돌 열세 개

푸른 잎이 달려 있는 나뭇가지

고대부터 삶의 한 단계에서 다음 단계로 넘어갈 때 치르는 통과의례에는 춤이 빠지지 않았다.

아프리카에서는 출생, 어린아이의 이름짓기 등의 특별한 행사를 기념하기 위해 의식의 춤이 행해진다. 이런 춤은 달밤에 넓은 야외에서 해야 효과가 있다. 불을 피우는 게 어려우면, 집안에서 오일 버너를 이용할 수도 있다.

방법

연인과 함께 작은 불을 피울 수 있는 조용한 곳을 찾아 가라. 그곳이 바로 마법 원의 중심이 된다. 그리고 와인 한 잔을 마시는데, 이것은 마법을 위해서만 사용되어야 한다. 조약돌로 널찍하게 원을 만들고 그 원 안에 들어간다. 가만히 불을 응시하며 불의 정령이 두 사람 안으로 들어온다는 느낌을 받으면, 그 주위를 시계 방향으로 일곱 번 돌며 춤을 춘다. 나뭇가지에서 잎을 하나 떼서 와인에 적신 후 불에 태우며 이렇게 말하라.

> **"우리는 불, 물, 공기, 그리고**
> **땅과 이 순간을 함께 합니다.**
> **우리의 마음은 단단해지고,**
> **사랑의 씨앗이 점점 자랄 것입니다."**

축배를 들고 남은 와인으로 불을 끈다.

사랑의 술

술과 허브로 만든 이탈리아 식 비약으로 최음제 효과가 있다고 한다.

필요한 것

은화(또는 은반지)

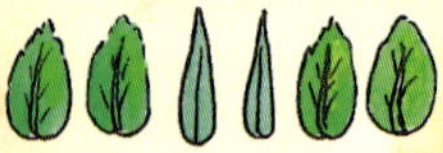

바질 잎과 세이지 잎

키 큰 잔 두 개

스트레가 술
혹은 메드 술

일부 비싼 음식과 술이 최음제로 효과가 있다고 하지만 효능이 증명된 것은 술밖에 없다. '스트레가' 는 이탈리아 어로 '마녀' 를 뜻한다. 스트레가라 불리는 술은 이탈리아 마녀의 마법으로 악명 높은 베네벤토 지역의 특산품이다. 영국에서는 벌꿀로 만든 메드 술을 최음제로 이용한다. 결혼한 지 한 달 된 신혼부부들이 이 술을 마셨다고 하며, '허니문' 이란 단어는 허니(꿀)로 만들어진 이 술을 마시는 데서 비롯되었다. 술과 와인은 가장 좋은 자극제이지만, 특별한 효과를 위해서는 조금만 마시고 약간의 마법을 같이 행해야 한다. 이탈리아에서는 연애중인 연인들이 사랑의 징표로 바질을 몸에 지니고 다녔다.

방법

보름달이 뜰 때까지 은화를 몸에 지니고 다녀라. 달빛 아래에서 손바닥에 은화를 올려놓는다. 연인을 생각하며 마음을 집중하면서 달의 기운을 받는다. 그러고 나서 '사랑의 술' 을 사용하고 싶은 날 밤에, 달의 기운을 받은 은화를 바질과 세이지 잎 위로 가로지으며 달의 기운이 잎으로 옮겨가게 한다. 그러고는 잎으로 잔의 바닥을 채운다. 잎으로 채워진 잔에 술을 붓고 한 시간쯤 두었다 연인과 나누어 마신다. 그러면 곧 사랑의 기운이 두 사람을 감쌀 것이다.

미래의 연인

이 주술은 미래의 연인을 알아보는 고대 마야의 전통 마법에서 비롯되었다.

필요한 것

황색 밀가루와 샘물

흑요석

작은 대접

파란 양초 세 자루

마야 인들은 말로써 이 세계와 또 다른 세계간의 소통을 할 수 있었다. 모든 정령들은 어떤 물질적 형상으로 나타나건 간에 말을 한다. 말은 그 정령들의 힘과 우리를 엮어주는 아주 중요한 끈이다. '빛의 돌' 인 흑요석은 이런 정령의 세계에서 의사소통을 할 수도, 미래의 연인을 볼 수 있게도 해준다. 그런 예지력을 갖기 위해서는 고도의 집중력과 조심성이 필요하다. 그리고 생명의 음식이자 원시시대의 신성한 음료인 황색 밀가루 죽을 공양해야 한다.

방법

황색 밀가루와 샘물을 섞어 죽을 만들어라. 섞인 내용물이 단단해질 때까지 계속 열을 가해야 한다. 죽이 식으면, 흑요석에 죽을 발라가며 정화시킨다. 이때에는 다른 도구를 사용하지 않고 손으로만 해야 한다. 대접에 흑요석을 놓고 샘물을 부은 후, 손을 깨끗이 닦아 남아 있는 죽을 씻어낸다. 파란 양초에 불을 붙여 대접의 한 쪽에 세워둔다. 반대 쪽에 앉아서 대접과 양초를 바라보아라. 처음에는 양초를 집중해 바라보며 노래하는 듯한 부드러운 목소리로 소원을 말해보도록. 계속 소원을 빌면서 흑요석으로 시선을 돌려라. 흑요석을 지긋이 쳐다보며 소원을 비는 것에 집중해라. 미래의 연인을 볼 수 있으려면 이 주술을 여러 번 반복해야 할지도 모른다.

아메리카 인들의 마법

아메리카 인들의 마법은 그 대륙만큼이나 넓고 다양하다. 그리고 아메리카의 마법과 주술의 역사를 알려주는 유물들도 많이 남아 있고, 그 중 일부는 아메리카 인디언들에 의해 지금도 여전히 행해지고 있다.

아메리카 인디언

아메리카 인디언들의 삶과 마법에서 가장 중요한 것은 성스러운 원, 혹은 바퀴라 불리는 것이다. 원은, 생명은 복잡한 거미줄과 같아서 모든 것과 모든 이들이 연결되어 있다는 믿음을 반영한다. 둘레에서 항상 같은 거리에 있는 원의 중심은 모든 생명체, 인간, 혹은 광물이 모두 평등하다는 믿음의 상징이다. 원의 한 부분이 파손되면 다른 부분에도 나쁜 영향을 미칠 것이다. 우리는 모두 자연을 공유하고 있으니 말이다.

'치료의 바퀴' 라는 것은 북미지역에만도 500가지가 넘는 다른 방식으로 사용되었다. 지금 남아 있는 치료의 바퀴 중에는 1000년이 더 된 것도 있다. 돌로 만들어진 바퀴는 한여름에 일렬로 세워진다. 깃털, 조약돌, 씨앗, 나무, 동물의 발톱 등으로 채워진 치료 주머니도 준비가 되는데 이는 자연 세계의 동반자임을 알려준다. 주머니는 보호, 예지력, 태양의 춤 등을 위해 사용되었으며 내용물 역시 신성했다.

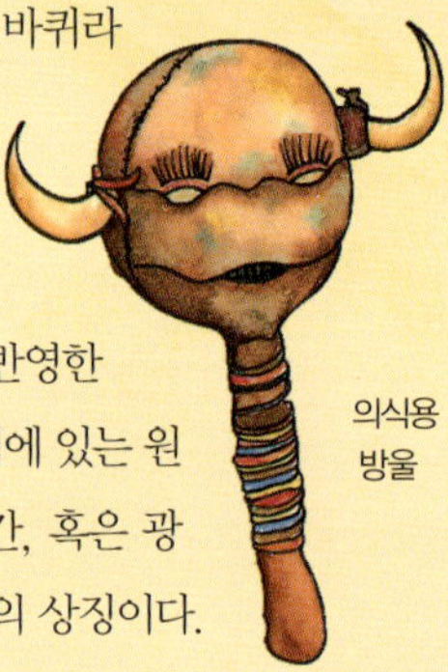
의식용 방울

깃털은 영적인 능력이 있다고 여겨 사람들이 몸에 많이 지니고 다녔다. 깃털의 영력은 어떤 새의 깃털인가에 따라 달라진다. 독수리는 새들 중 가장 영적 능력이 뛰어나다고 한다. 멀리까지 볼 수 있고 가장 높이 날 수 있어서 사람들이 '위대한 정령' 에게 바치는 기도를 전달해 준다고 믿었다. 독수리의 깃털은 방패와 부적을 장식하는 데 쓰였다. 의식용 방울은 악령을 쫓아내기 위해 사용되었다. 아메리카 인디언들의 의식과 마술은 사람들이 서로 조화를 이루며 생명계의 일부로서 균형을 이루기 위해 고안되었다.

상징적인 깃털

마야 인들

마야 인들은 우주의 지혜를 포착하기 위해 피라미드 꼭대기에 거대하고 아름다운 사원을 건설했다. 사원 근처에는 무도회장을 세워 희생제 같

아문

은 여러 의식들을 행했다. 이들의 마법에 있어 기본은 황금의 밀을 기르는 것이다. 특별히 화려하게 장식된 그릇에 특별한 밀죽과 물을 담아 메이즈, 아문 등의 신께 바친다. 이는 죽은 자의 삶과 재생을 의미한다. 이잠나는 마야 신 중 가장 높은 신으로 자비와 땅을 정리하는 능력을 가지고 있다. 마야 인들은 자신들의 영혼이 보이는 영혼과 보이지 않는 영혼, 둘이라고 믿었는데, 보이는 영혼은 열세 부분으로 나뉘어져 있다. 악한 마녀들은 이 부분을 훔쳐 땅의 신인 아푸에게 팔아치우고, 무당들은 '말하는 돌'의 힘을 빌어 그 잃어버린 부분을 찾으려 한다. '말하는 돌'은 영적인 집중과 예지력을 위해 사용된다. '말하는 돌' 혹은 '빛의 돌'은 수정구의 모델이 되었다.

이잠나

에스키모

에스키모(이누이트 인)들의 마법 세계는 위로는 천상의 세계, 아래로는 여신 세드나가 지배하는 지하세계로 나뉜다. 세드나의 아버지는 딸이 너무나 천방지축이어서 먼 바다로 데려가 버렸다. 세드나는 떨어지지 않으려고 배의 한쪽에 몸을 묶었지만, 아버지는 딸의 손가락을 모두 잘랐다. 그 손가락들은 바다에 닿자 모두 바다표범으로 변해버렸다. 바다는 에스키모와 샤먼들에게 중요한 식량 공급원이다. 이들은 가면을 쓰고 풍작을 기원하며 위대한 사냥꾼인 달의 정령에게 도움을 청한다.

달의 정령 가면

새의 두개골과 발톱으로 만들어진 벨트는 육지에서 사냥할 때 호신용으로 찬다. 동물의 정령들 역시 주술에 걸려 있기 때문에, 그들은 죽임을 당할 뿐이다. 정령을 달래기 위해 감사의 예를 올리고, 남아 있는 동물의 잔여물들은 원래 잡혔던 곳으로 되돌려보내면서 정령이 다시 태어나기를 바란다.

바다표범 영혼 상자

인연의 끈으로 묶기

특별한 연인을 만들기 위한 영국식 주술

필요한 것

핑크색 양초와
칵테일 스틱

종이

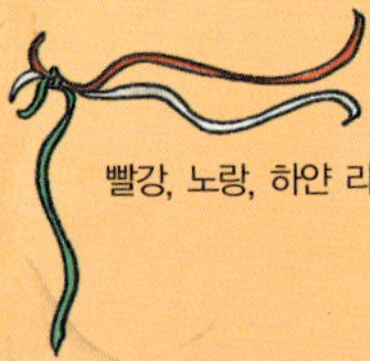

빨강, 노랑, 하얀 리본

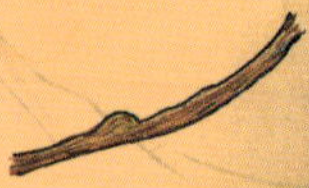

실을 감을 만한 나무

전통적으로 스핀들(북) 나무는 털실을 짜는 데 이용되어 왔는데, 대개 '스핀스터' 라 불리던 결혼 안 한 처녀들이 짰다. 베틀 일을 할 때, 중간에 구멍이 있는 둥근 돌을 베틀 북의 가장자리에 끼워 돌리는 것은 여성과 남성의 결합을 연상시킨다. 스핀들을 구할 수 없으면 버드나무도 괜찮다. 특별한 연인을 만들고 싶다면 금요일, 특히 그믐달이 뜨는 밤에 이 주술을 행해라. 금요일은 사랑의 신인 비너스의 날이니까.

방법

이상형을 만나려면 달빛이 은은한 금요일 저녁에 이 주술을 시작한다. 마음의 눈으로 원하는 연인의 육체와 정신의 모습을 그려보고 마법의 이름을 지어준다. 칵테일 스틱으로 양초에 상대방의 이름을 새긴다. 얇은 종이에는 자신의 이름을 적고 리본으로 묶는다. 이것을 하면서 마음속으로 이상형을 생각하는 것을 잊지 말도록. 리본, 양초와 북을 달빛이 비치는 곳으로 가져가 비너스에게 축복해달라고 빈다. 초를 땅에 놓고 불을 붙인다. 촛불에 집중을 해서 자신이 새 연인과 손을 잡고 가는 모습을 그려보아라. 묶인 리본을 북에 시계 방향으로 감싸 두르고 연인의 이름이 초에 녹는 것을 지켜보아라. 리본의 양끝을 촛농으로 북에 고정시키고 잠잘 때 침대 가까이에 둔다. 다음날 아침 리본을 풀면서 주술을 풀고, 사랑이 찾아오길 기원한다.

마법의 장미

꿈속의 연인을 만들기 위한 독일식 주술

필요한 것

빨간색과 흰색 장미

종이 만 것

자신의 머리카락 한 뭉치

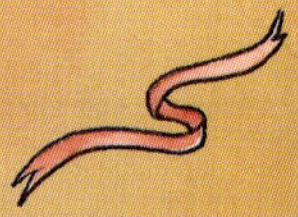

짧은 핑크색 리본

옛날 독일에서는 장미가 침묵의 상징이었다. 누군가와 비밀스런 이야기를 나누고 싶을 때 하얀 장미나 하얀 장미를 상징하는 물건을 지니고 다녔다. 다른 지역에서는 회의용 탁자 위에 장미를 장식용으로 새기곤 했는데, 거기서 나눈 이야기는 비밀로 지켜야 한다는 것을 의미했다. 특히 연인의 은밀한 속삭임이 비밀로 지켜졌다. 장미는 사랑의 여신인 비너스에게 바쳐진 꽃인데, 주피터 신이 비너스가 목욕하는 장면을 보았을 때 비너스가 얼굴을 붉히자 주변의 하얀 장미들도 붉게 변해버렸다고 한다. 6월, 달이 차오를 때 이 주술을 행하도록.

방법

빨간 장미와 하얀 장미를 구한다. 이때 활짝 핀 꽃은 안 된다. 감미로운 향이 나는 장미가 좋다. '마담 하디' 종이나 '불드네주' 종의 백장미와 '수브니르 드 독퇴르 자맹' 종이나 '카디날 드 리쉴리에' 종의 붉은 장미가 좋다. 종이에 이상형에 관해 쓴다. 머리카락 뭉치를 넣고 종이를 둘둘 만다. 장미 두 송이를 각각 반으로 자른다. 백장미 반 송이를 붉은 장미 반 송이 옆에 놓고 그 사이에 종이로 만 머리카락 뭉치를 끼운다. 그리고는 핑크색 리본으로 장미를 묶는다. 각각의 장미에 키스를 하고 시냇물이나 분수 같은 흐르는 물에 던진다. 남은 장미 반 송이들은 땅에 묻으며 비너스 여신께 축복해 달라고 빈다.

"오 비너스 신이여.
저에게 연인을 주세요.
따뜻하고 위트 있으며
관능적인 연인을요."

사랑의 씨앗 키우기

연인이 정절을 지키도록 하는 주술로 동유럽에서 비롯되었다.

필요한 것

흙 조금

테라코타 화분 작은 것

금잔화 씨앗 한 줌

금잔화는 인내를 상징한다. 금잔화의 학명은 칼렌듀라 오피시나리스인데, '칼렌듀라' 는 달의 첫날을 뜻하는 칼렌드에서 비롯되었다. 금잔화는 원산지인 지중해 지역에서 매달 첫날에 꽃을 피우는데 여성의 생리주기와 비슷하다. 영국에서는 '남편의 시계' 혹은 '여름의 신부' 라고 불리며 신부의 오두막 앞을 장식하거나 결혼식 화환에 쓰였다. 금잔화는 '마음과 영혼에 안정을 준다' 고 여겨진다.

방법

우선 연인의 발자국이 닿은 흙을 몰래 파낸다. 꼭 화분을 채울 정도가 아니어도 된다. 하지만 어느 정도는 꼭 연인의 발이 닿았어야 한다. 달의 정기가 최고조인 보름달이나 그믐달 밤에, 그리고 늦은 봄이나 여름에 금잔화 씨앗을 화분에 심는다. 씨앗을 심으면서 조용히 노래를 하며 연인을 마음속에 떠올린다. 화분을 햇볕이 잘 드는 곳에 놓고 물을 주며 정성껏 키우도록. 특별한 식물이므로 절대 꺾어서는 안 된다. 꺾으면 주술의 힘이 약해지기 때문이다. 가을에 씨앗을 모아서 잘 저장해 두었다가 다음해에 또 심는다. 마당이 있으면 이 사랑의 씨앗을 심을 땅을 정해두고 꾸준하게 가꾸는 것도 괜찮다.

직업이나 사업에 부와 성공을 가져다 주는 일곱 개의 주문.

이것은 특히 재물 운을 가져다 준다. 이 주술이 무지개 너머의 황금 단지로 데려다주는 것은 아니지만, 행운과 부를 가져다 줄 가능성을 높여 준다. 그리고 앞길을 열어준다. 인생의 모든 일이 그렇듯 마술에 쏟는 노력과 진실한 마음만 있다면 풍부한 결실을 얻을 수 있을것이다.

스트레스 주머니

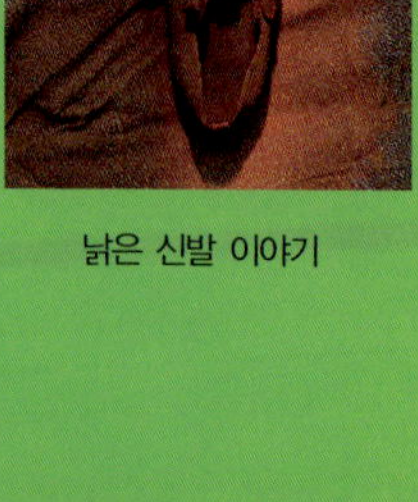

낡은 신발 이야기

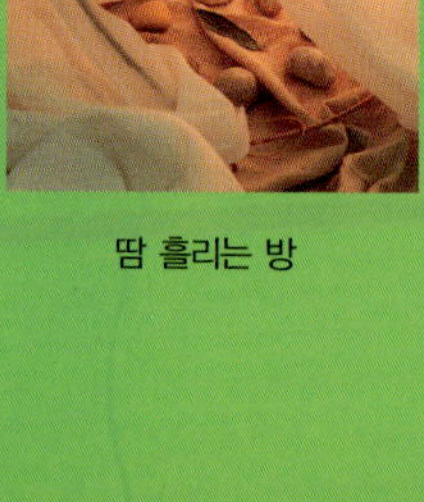

땀 흘리는 방

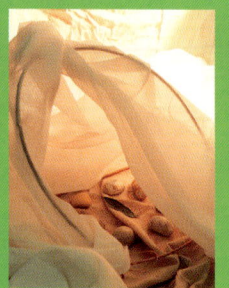

경력 쌓기

Fame & Fortune

풍요의 축복

화해의 깃털

사업의 축복

사과나무의 힘

스트레스 주머니

스트레스를 극복할 힘을 재충전시켜 주는 지중해식 주술

필요한 것

손으로 만든 헝겊 주머니

마른 흙 조금

보라고 꽃다발

우리는 늘 스트레스에 시달리고 있다. 일을 하는 이상 스트레스를 받지 않을 수는 없는 일. 이 주술은 직장에서 스트레스를 받는 상황에서 별로 힘들이지 않고 할 수 있다. 치유와 마술을 위해서라면 만물의 근원인 자연만큼 좋은 것이 없다. 용기의 꽃인 보라고 꽃 몇 송이만 있으면 아무리 힘든 역경도 이겨낼 수 있다.

방법

작은 주머니를 만든다. 평범하고 단순하면 되지만, 반드시 스스로 한땀 한땀 바느질해야 한다. 그리고 거기에 자신의 원기를 불어넣는다. 두 손이 들어갈 정도의 크기면 되고, 묶을 수 있도록 끈을 달아라. 그리고 가장 좋아하는 색으로 자기 이름의 이니셜을 수놓는다. 밝게 해가 비치는 날, 마른 흙 몇 줌과 보라고 꽃을 모은다. 몸을 따뜻하게 하며 햇볕과 꽃, 흙을 손으로 만지며 그 감촉을 잘 기억해둔다. 보라고 꽃은 말린 후 흙과 함께 주머니 속에 넣어 잘 묶어둔다. 주머니는 손이 잘 닿는 곳에 두어야 한다. 나쁜 일이 생기거나 기분전환이 필요하면, 잠시 주머니에 손을 넣고 마른 보라고 꽃을 만지며 추억을 떠올려라. 자연이 마법을 부릴 것이다.

낡은 신발 이야기

재물운을 빌 경우 사용하는 스코틀랜드 식 부적

필요한 것

금화(또는 금반지)

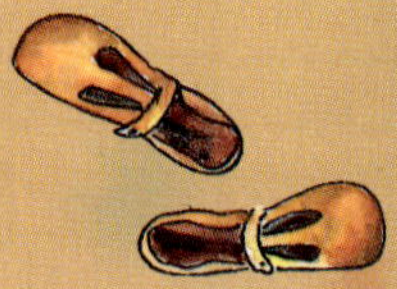

낡은 신발

전세계적으로 낡은 신발에 특별한 의미를 두는 지역이 많다. 스코틀랜드에서는 낡은 신발이 권위의 상징으로 여겨지기도 한다. 앵글로색슨 족 문화에는 신부의 아버지가 딸이 신던 신발을 새 신랑에게 주는 풍습이 있다. 신랑은 낡은 신발로 신부의 머리를 만지는데, 이것은 그녀에 대한 권위가 아버지로부터 신랑에게 옮겨갔음을 상징하는 행위이다. 또한 행운을 기원하며 배에 신발을 던지기도 한다. 이 행운의 부적이 효력이 있으려면 꼭 낡은 신발이어야 한다는 점을 잊지 않도록.

방법

어느 월요일 아침, 금화를 들어 햇빛에 흠뻑 비추며 이렇게 말해본다.

"아는 것이 더욱 많아지게 해주세요.
그래서 경제적으로 안정되게 해주세요."

금화를 준비한 낡은 신발의 왼쪽에 넣고 신발을 신는다. 시계 방향으로 원을 그리며 세 번 돈다. 그리고는 신발을 벗어서 티(T)자 모양으로 놓는다. 삼 일 동안 계속 똑같이 행하도록. 삼 일째 되는 날에는 금화를 늘 신고 다니는 신발로 옮긴다. 그러고 나서 신발 안쪽에 금화를 붙이고 가능한 자주 신고 다녀라.
이것을 써버리지 않는 한 행운이 올 것이다.

땀 흘리는 방

어려운 문제를 해결해 주는 아메리카 인디언 식 주술

필요한 것

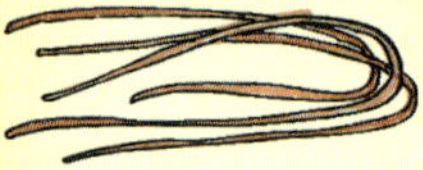
버드나무 가지 세 개

천연 소재의 실과 천

작은 돌멩이 여덟 개

세이지 잎 두 장

아메리카 인디언들은 몸이 영혼의 표현이라 생각하며 문제를 해결하기 위해서는 몸과 영혼이 조화를 이루어야 한다고 믿었다. '땀 흘리는 방' 은아메리카 인디언들이 만들어낸 것이라고는 하지만 고대 켈트 인, 러시아 인, 일본인, 그리고 유럽 인도 땀을 내는 시설이나 목욕탕을 이용했다. 땀을 내면 몸에서 독 성분이 빠져 나가 육체적 · 정신적 균형을 가져다 준다.

방법

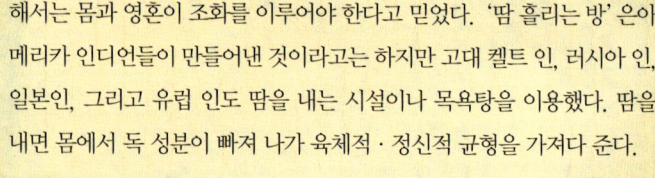

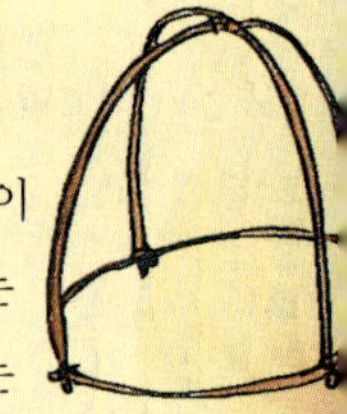

버드나무 가지와 끈을 묶어 돔 형태로 25센티미터 높이의 작은 천막을 친다. 돔 위에 천을 덮고 문을 나타내는 작은 틈새를 두어라. 이 작은 방은 영혼의 세계로 가는 통로다. 일곱 개의 돌과 세이지 잎을 그 안에 놓고 다음과 같이 말한다.

"미타큐예 오야신
(우리는 모두 엮여 있습니다)"

이 주문은 당신과 생명계의 관계를 인정하는 것이다. 남은 돌과 잎을 가지고 동네 사우나에 간다. 그 둘을 손에 쥐고 눈을 감은 채 "미타큐예 오야신"을 생각해라. 몸이 깨끗해지면서 정신이 또렷해질 것이다. 집에 돌아와서 돌과 잎을 다른 것과 함께 두면 24시간 안에 어려운 문제에 대한 해답이 떠오를 것이다.

경력 쌓기

좋은 경력을 쌓기 위한 영국식 주술로 매년 행한다.

필요한 것

초록색 양초

초록색 종이 한 장

도토리 두 개

은화(또는 은반지)

떡갈나무와 도토리는 특히 영국과 인연이 깊다. 고대 드루이드들은 떡갈나무 숲을 만들어 수호자로 섬겼으며 결혼식도 지방의 경계를 표시하는 외따로 떨어진 떡갈나무 아래서 행했다. 이런 풍습은 영국에서 아직까지 내려오고 있다. 캘리포니아 인디언들은 떡갈나무를 '세계의 나무' 로 숭배했다. 도토리는 모든 생명이 비롯된 우주의 씨앗이며, 우주의 축을 상징하는 떡갈나무는 대자연 어머니로 여겨졌다. 도토리는 성취와 노력을 상징하고 떡갈나무는 지속성, 의지 그리고 진실을 의미한다. 달이 차오르는 목요일에 이 주술을 시작하면 좋다.

방법

목요일 아침, 녹색 양초에 불을 밝힌다. 눈을 감고 촛불을 보며 자신이 안전한 누에고치 속에 있다고 상상해라. 종이에 자기 이름을 쓰고 직업에 대한 야망을 적은 다음 촛불을 끄고 잘 보관해둔다. 하루 종일 도토리, 은화, 종이를 주머니나 가방에 담아 몸에 지니고 있는다. 일을 마치고 집에 돌아와서 양초에 불을 다시 붙이고 도토리와 은화를 재빨리 불꽃 사이로 통과시켜라. 그 다음 도토리와 은화를 종이에 싸서 마당이나 자주 가는 곳에 묻는다. 매년 일정한 간격을 두고 이 주술을 행하면서 직업의 성공이 지속되기를 기원한다.

LIBERTY

아프리카 마법

아프리카는 너무도 광활해서, 모든 지역에서 공통적으로 행하는 마법의 개념이 등장한 적이 없다. 동물이 많기 때문에 동물 신과 정령에 대한 신앙이 공통적으로 등장한다.

이파 족의 접신용 막대기

북부 아프리카

불과 1000년 전만 해도 사하라 사막은 비옥한 목초지였다. 타실리 나제르의 암벽화에는 풀이 우거진 초원과 풍부한 사냥감, 물고기가 지천인 강이 그려져 있다. 세계가 '우주의 나무'로 여겨지던 때다. 사람들은 세계의 여러 층을 묘사하기 위해 오아시스 주변에 상징적인 나무들을 그려놓았다. 넝쿨은 하늘을, 석류나무는 땅을, 무화과나무는 지하 세계를 의미했다. 요루바 인들은 야자열매를 이용해 접신을 행했다. 그 의식은 '이파의 신탁'이라 불렸는데, 접신자는 항상 남자였다.

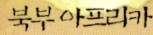

도곤 족의 가면

마술과 신화에서 큰 비중을 차지하는 것 중에 하나가 춤과 가면인데, 그 속에는 인류의 이야기가 함축되어 있다. 도곤 족은 이방인의 눈초리를 피해 동굴 속에 가면을 숨겼다. 가면은 성인식과 장례식, 그리고 악령을 쫓기 위해 쓰였다. 토고에서 행해진 추방 의식은 마을 전체를 정화한다. 모든 부정한 것들을 모아 잎이나 덩굴에 싸서 마을 밖 장대에 매단다. 다음날 여인들은 부뚜막을 치우며 그 재를 산으로 가져가 의식을 행하며 던져버린다.

중앙 아프리카

적도의 산림 지역은 아프리카에서 가장 신령한 곳으로 비밀의 마을, 마법사, 치료사와 나무의 정령들이 모여 있는 곳이다. 옛날 응소로 족은 눈

이 불쑥 튀어나온 검은 가면을 쓰고 악기를 연주하며 휘장을 지니고 다녔다. 테케 족의 추장은 다음 세계를 볼 수 있게 하는 신성한 광채로 둘러싸여 있었다고 한다. 그의 신비스런 힘은 얼굴 장식, 의복, 마법의 물질로 더욱 강해졌다고 한다. 표범 이빨로 만든 목걸이로부터 동물의 힘을, 조개 껍질로 만든 머리 밴드로부터 정령의 힘을 받았다.

조개

코모 족 마법사들은 밤에 접신을 할 때, 타원형 가면을 쓰고 깃털, 나무껍질 벨트, 상아 팔찌와 종 등으로 장식을 했다.

호두 껍질이나 나무 등의 자연물로 만든 호신용 부적들은 가죽 주머니에 넣어 가지고 다녔다.

남부 아프리카

아프리카의 다른 지역과 마찬가지로 이곳에서도 대부분의 의식이 집단적으로 이루어지고 공동체를 위해 행해졌다. 줄루 인들은 비를 부르기 위해 '하늘의 새'를 죽여 풀밭에 던지며 비가 오기를 바랬다. 여인들은 어린아이들을 땅에 묻고 처량한 목소리로 울부짖음으로써, 하늘이 그들을 불쌍히 여겨 땅을 부드럽게 하고 비가 오게 하도록 빌었다. 신화 속에 나오는 '큰 뱀'은 창조의 원동력 중 하나로 그 머리는 하늘에, 꼬리는 물속에 잠겨 있어 두 곳을 서로 잇고 있다고 한다. 우주의 '큰 뱀'에 대한 신화는 아프리카 전역에 공통적으로 존재한다.

주술사들은 의술과 심령술을 이용해 사람들을 치료했다. 카퍼 족은 마을의 질병을 염소가 가져갈 수 있다고 믿어 환자의 피를 염소의 몸에 발라 풀어주었다. 그래서 동물을 제물로 바치던 일부 지역에서 '희생양(scapegoat)'이라는 말이 유래되었다. 뼈를 던지거나 모양을 해석하는 것은 접신의 한 방식이다. 모든 뼈에는 각각 긍정적인 면 부정적인 면이 있는데, 뼈의 장식된 부분은 긍정적인 면을, 장식되지 않은 부분은 부정적인 면을 의미한다. 뼈는 각기 다른 동물들의 것으로 동물의 성질에 따라 선택되었다.

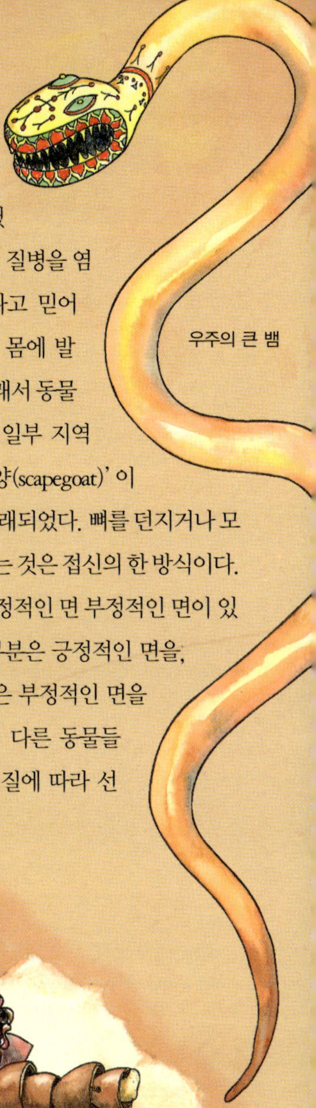
우주의 큰 뱀

호두껍질로 만든 호신용 부적

화해의 깃털

회의를 성공적으로 이끌고 근심을 없애기 위한 아메리카 인디언 식 주술들

필요한 것

자신의 일이나 근심의 상징, 또는 그것을 적을 수 있는 펜과 종이

세이지 잎

깃털 두 개

실

어려운 회의가 눈앞에 있거나 직장 동료와 문제가 있을 때, 이 의식이 도움이 될 것이다. 쓸데없는 근심을 덜어주고 앞으로 일어날 일을 침착하게 기다릴 수 있게 도와준다. 아메리카 인디언들의 모임이나 회의 때, 참가자들이 바퀴살 모양으로 원을 그리며 앉는 것을 볼 수 있는데, 이는 모든 참가자가 동등한 위치에서 참여하고 있음을 의미한다. 모임은 기도자의 말과 함께 신성한 평화의 담뱃대를 나누면서 시작된다. 회의 목적은 부족 구성원 전체의 균형을 위한 것이지 누군가에게 죄를 전가하기 위한 것이 아니다. 그 누구도 다른 사람을 '그 입장이 되지 않고' 판단해서는 안 된다.

방법

명함처럼 자신의 일을 상징할 수 있는 물건이나 근심을 상징하는 물건을 찾는다. 적당한 것을 찾아낼 수 없다면, 종이에 자신의 일이나 근심을 적는다. 회의에 참석하기 바로 전, 얼굴과 손을 세이지 잎으로 문지른다. 세이지 잎은 정화 효과가 있다. 동시에 눈을 감고 회의나 근심에 대해 생각해보고, 미리 추측한 모든 관념이나 근심 걱정을 흘려보내라. 자신의 일과 근심의 상징, 깃털 하나, 세이지 잎을 한 곳에 모아 끈으로 묶은 다음, 긍정적인 마음으로 그것을 땅에 묻는다. 이때 과거도 함께 그곳에 묻어버린다. 그리고 남은 깃털은 주머니나 가방에 넣어 회의에 가지고 가도록. 균형을 찾아야 할 때나 말을 할 때마다 깃털을 만지면 효과를 볼 수 있을 것이다.

사업의 축복

다음해 사업의 성공을 빌어주는 켈트 족의 주술

필요한 것

담쟁이덩굴 잎

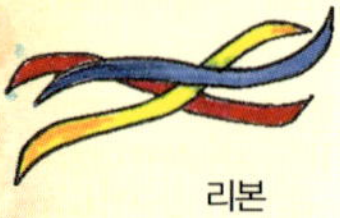

리본

업무의 상징이나 징표

우유와 벌꿀

아일랜드에서 유래된 주술로, 전통적으로는 켈트 족 달력의 여덟 번째 축제인 임볼크 기간인 2월에 행해졌다. 창조의 여신인 버지트는 겨울의 모습인 말라깽이 늙은 여인에서 환하게 빛나는 봄의 신부로 모습이 변한다. 봄의 신부는 새로운 삶을 의미한다. 원래 이 주술은 가정의 중심인 부뚜막에서 행해졌다. 온가족이 모이면 여자와 어린아이들은 담쟁이덩굴 관을 쓰고 남자들은 징표를 나누어준다. 부뚜막이 없으면 대신 작은 원 안에 빨간 양초를 세워 주술을 할 수 있다.

방법

담쟁이덩굴 잎을 모아 성 브리지트 매듭 모양의 관을 만든다. 관을 빛의 고리인 부뚜막이나 촛불 옆에 놓아둔다. 사랑과 정성을 다해 자신이 가장 좋아하는 색의 리본으로 관을 장식한다. 명함 등 일을 상징하는 물건을 매듭의 중앙에 놓고 그 옆에 징표를 놓는다. 징표는 꽃이나 동전이면 된다. 마지막으로 벌꿀 한 숟가락을 따뜻한 우유에 섞어 마시고 다음해에 사업을 도와달라고 간절하게 빈다.

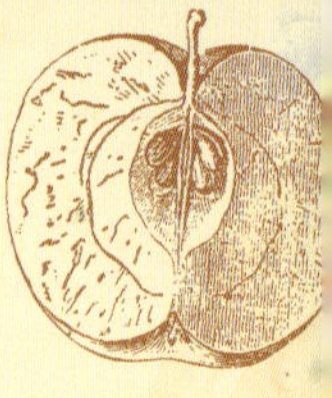

사과나무의 힘

사업의 행운과 성공을 부르는 영국식 주술

필요한 것

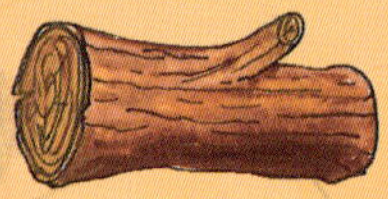

작은 사과나무 한 토막

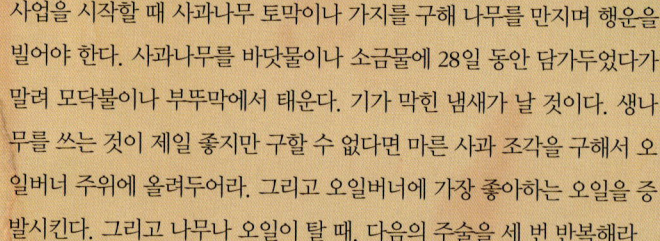

바닷물이나 소금물

사과나무가 자라는 곳에서는 어디나 사과나무가 지닌 마법의 힘을 믿는다. 영국의 아더 왕은 애벌른 계곡에서 입은 상처를 사과나무 계곡에서 치유했다. 아일랜드에서 사과나무는 돈으로 살 수 있는 것이 아니라 살아있는 다른 생물과 물물교환을 통해서만 구할 수 있었다. 사과나무는 돈으로 사기에는 너무도 신성하다고 생각했기 때문이다. 사업을 시작할 때 이 주술을 시작해서 음력 한 달 주기인 28일 동안 계속해라.

방법

사업을 시작할 때 사과나무 토막이나 가지를 구해 나무를 만지며 행운을 빌어야 한다. 사과나무를 바닷물이나 소금물에 28일 동안 담가두었다가 말려 모닥불이나 부뚜막에서 태운다. 기가 막힌 냄새가 날 것이다. 생나무를 쓰는 것이 제일 좋지만 구할 수 없다면 마른 사과 조각을 구해서 오일버너 주위에 올려두어라. 그리고 오일버너에 가장 좋아하는 오일을 증발시킨다. 그리고 나무나 오일이 탈 때, 다음의 주술을 세 번 반복해라.

"저에게 행운이 되풀이되기를,
사과꽃처럼 활짝 피어나기를!"

당신의 사업은 점점 성장하고 번창할 것이다. 오일이나 사과나무를 아주 조금밖에 태우지 못했더라도 걱정하지 말라. 양이 행운의 크기를 결정짓는 것은 아니니까.

가정의 화목과 풍요를 위한 일곱 가지 주문. 화목한 가정을 만들어가기 어렵다면 여기에 소개된 주술들을 해보자. 집안 분위기를 밝게 하는 데 도움을 주고, 가정의 다른 문제들이 자동적으로 해결될 것이다. 행복하고 편안한 가정, 나쁜 기운이 없는 가정은 몸과 마음을 풍요롭게 해준다. 아무리 말썽을 피우는 아이들이라도 마법의 도움을 받으면 이제 걱정은 그만!

오이멜크, 너트, 꿀

마당비

겨우살이 의식

카모마일의 노래

Labor of Love

사랑과 인정

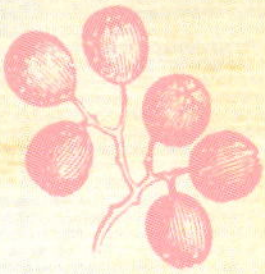

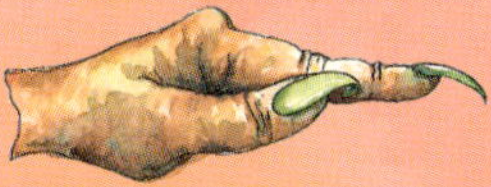

생명의 집

마가목과 붉은 리본

친척의 초대

오이멜크, 너트, 꿀

임신을 도와주는 켈트 족의 지혜

필요한 것

살균된 양젖으로 만든 요구르트

헤즐너트 부순 것

벌꿀

오이멜크는 암양의 우유를 뜻하는 켈트 어로, 새끼 양이 태어나는 시기인 2월 초순을 뜻하기도 한다. 이 때는 환희의 시기로, 이 주술은 새끼 양이 탄생하고 추운 겨울이 지나 생명의 재생을 알리는 의식이다. 새싹들도 돋아나기 시작하고 새 우유가 만들어지기 시작한다. 지금은 양젖이 특별한 건강식품이지만 옛날에는 흔하게 마시던 것이다. 소의 우유보다 소화가 잘 된다고 한다.

방법

임신을 원하는 때부터, 매일 식사 때 양젖으로 만든 요구르트, 헤즐너트와 벌꿀을 먹는다. 그리고 날마다 최소한 10분씩 바깥에서 시간을 보낸다. 비내리는 날이든 해가 쨍쨍나는 날이든 계속 해야 한다. 남편과 함께 할 수도, 혼자 할 수도 있다. 몸과 마음이 하나가 되는 고요한 시간을 가져야 한다. 우주의 에너지가 발산하는 자연의 리듬을 호흡하면서 말이다. 도시 한복판에 살고 있다면 자연을 조금이라도 느낄 수 있는 곳으로 간다. 비가 와도 피하지 말고 비를 느끼고 즐기라. 그리고 빗방울이 춤추는 광경을 지켜보라. 새의 즐거운 노랫소리가 들리면 눈을 감고 그 소리가 어디서 나는지 마음속으로 찾아보라. 다시 눈을 뜨고 주위의 모든 것들을 마음속 깊이 간직해라. 그리고 마음속에서 그들을 잘 보살펴서 자신에 대한 만족과 깊은 이해에 도움이 되도록 한다. 그리고
자신을 둘러싼 자연의 놀라운 신비를 이해하도록 해라.

마당비

집안의 나쁜 기운들을 쫓아내주는 영국식 주술

필요한 것

마당비나 빗자루

향

빗자루에는 전통적으로 마녀가 타고 날아다니는 교통 수단이라는 의미말고도 다양한 의미를 지니고 있다. 중세 영국에서 빗자루는 여성의 도구라고 여겨져 여성이 집에 없다는 표시로 문 밖에 빗자루를 걸어두었다. 물푸레나무나 헤더로 만들어진 빗자루는 집시의 결혼식에 사용되었다. '빗자루 결혼' 이라 알려진 예식에서는 신랑신부가 손을 잡고 빗자루를 사이에 놓고 앞뒤로 여러 차례 점프를 한다. 그러고 나서 신랑은 골풀로 된 반지를 신부의 손에 끼워준다.

방법

달이 이지러지는 밤에 이 주술을 행한다. 집에서 가장 높은 곳에서부터 대문까지 뒷걸음질하며 빗자루로 쓸어내린다. 이는 나쁜 기운을 쫓아내는 상징적 행동이다. 집 문턱에 다다르면 복수하는 마음으로 뒷걸음질하며 빗자루로 바닥을 쓸어내린다. 그리고, 빗자루를 높이 쳐들고 바람을 일으키며 세 번 흔든다. 그 다음 시계 반대 방향으로 돌며 이렇게 외친다.

"나쁜 정령들아, 바람에 날아가버려라.
나의 길에서 사라져버려라."

마지막으로 집 한가운데에 향을 피우고 주술을 외우며 분위기를 부드럽게 만든다.

겨우살이 의식

다산을 기원하기 위한 드루이드의 의식

필요한 것

녹색 천과 작은 테이블

겨우살이 잔가지

녹색 양초 세 자루

월석

자연의 작용에 익숙해지고 임신을 하기 위한 상징적 의식이다. 만병통치제인 겨우살이는 드루이드(고대 갈리아 및 브리튼 제도의 선주민족인 켈트 인의 종교 드루이교의 사제 계급)들에게 신성한 식물이었다. 불멸과 다산의 상징이자 마법, 의약과도 밀접한 관계가 있었다. 겨우살이는 위대한 떡갈나무의 영혼으로, 꽃말은 '모든 고난을 뛰어넘는다'이다. 떡갈나무의 높은 가지 중간에서 자라며, 기생하는 나무가 헐벗었을 때도 겨우살이는 황금색과 녹색으로 빛난다.

방법

새 달이 되었을 때, 작은 테이블에 녹색 천을 깔아 다산을 기원하는 간단한 제단을 만든다. 제단을 겨우살이와 녹색 양초로 장식한다. 겨우살이가 없으면 다른 푸른 식물이나 꽃, 혹은 자신에게 특별한 의미가 있는 식물을 놓아도 좋다. 혹시 부적을 갖고 있다면, 제단에 그것을 올려놓고 마법이 더 강력해지도록 빌어라. 매일 제단 앞에 서서 달의 여신께 창조의 힘으로 축복해 달라고 빈다. 그러면서 월석(월석이 없으면 색이 아름다운 장식용 돌)으로 배를 마사지한다. 월석은 항상 몸에 지니고 다녀야 한다. 월석의 색상은 무척 다양한데, 하얀 월석이나 노란 월석이 보름에 쓰기 가장 좋다. 주술을 시작한 후 첫 보름날에는 제단에서 겨우살이 가지 하나를 꺼내서 갈라진 나뭇가지 틈에 집어 넣는다. 보름마다 이것을 반복한다.

카모마일의 노래

화를 잘 내는 아이를 안정시켜 주는 앵글로색슨 족의 주술

필요한 것

카모마일 거른 물

대접

커다란 화분과 흙 조금

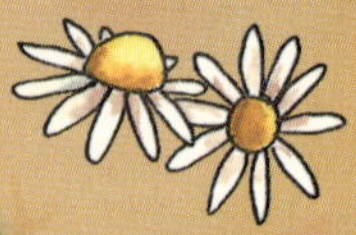
카모마일 꽃

중세 유럽에서는 어린아이들을 보호하기 위해 침대 위에 카모마일을 걸어놓고는 했다. 앵글로색슨 족에게 카모마일은 아홉 가지 신성한 허브 중의 하나인데, 진정제로도 사용했다. 꽃말은 '침착한 꽃'이다. 아이들의 싸움이 전혀 멈출 것 같지 않을 때, 화를 잘 내는 아이에게 주술을 사용하면 아이는 곧 조용해지고 평온해질 것이다.

방법

아이가 카모마일을 다릴 수 있게 도와준다. 30그램의 마른 카모마일 꽃이나 신선한 카모마일을 500밀리리터의 끓는 물에 집어넣고, 10분간 우러나오기를 기다린다. 여과기를 이용해서 컵에 물을 따르고 나머지는 걸러서 대접에 따라 식힌다. 식히는 동안 어린아이를 시켜서 화분에 흙을 담도록 하고 카모마일을 심는다.
아이들이 이 일을 하는 동안 이런 노래를 부르게 하라.

"꽃의 능력을 보여주세요.
평화의 주술을 외워주세요."

아이들이 일을 끝내면 따뜻한 카모마일 물로 손을 씻도록 해서 그 원기를 받도록 한다. 아이들에게 손 씻은 물을 식물에 주도록 하면서 소원을 빌라고 한다.

유럽의 마법

유럽에서 마녀들의 마법은 대부분 고대로부터 전해진 이교도 신앙에서 비롯된 것이다. 기독교 전파 이후에도 이교도의 신앙은 최소한 1000년 넘게 지속되었다.

현자의 기예

마법은 '현자의 기예'를 뜻했으나, 15세기부터 마녀가 부리는 마법으로만 의미가 고정이 되었다. 유럽에서는 여전히 마법이 행해지고 있는데, 프랑스의 마녀들은 주단 위에서 '에스바'란 회합을 열었고, 이탈리아는 기독교 교회에도 불구하고 '라 베치아 릴리지오네'의 신도가 많았다. 16세기와 17세기에 수많은 마녀들이 고문을 받고 사형을 당했다는 것은 그만큼 마녀가 많았고, 많은 사람들이 마법을 진정으로 믿었다는 것을 뜻한다. 마녀 사냥은 유럽에 급속히 번져 나갔고 수천 명의 죄 없는 사람들이 살해당했다. 영국에서는 이백 명의 마녀들이 마녀 사냥꾼인 매튜 홉킨스가 제시한 증거로 인해 처형당했다.

마녀 사냥꾼 매튜 홉킨스

그 증거는 바로 이교도의 축제와 계절의 축일을 지켰다는 것이었다. 게다가 기독교 교회 역시 같은 날 축제를 열거나 성인의 기념일로 만들어 이교도의 흔적을 없애고자 했다. 풍작을 비는 의식과 가축의 다산을 비는 의식은 특히 마녀 사냥꾼들의 주요 감시 대상이었다. 가난한 시골 사람들은 치료를 위해 허브와 주술들을 사용했는데, 그 때문에 자신들이 마녀로 몰린 것도 모른 채 고통을 당했다. 기독교의 가장 중요한 상징인 십자가의 유래도 예수 탄생 수천여 년 전에 시작된 이교도 시대로 거슬러 올라간다. 십자가는 우주를 상징하는 생명의 나무로 하늘과 땅을 연결시킨다. 수직은 영혼, 수평은 땅을 의미한다. 때론 십자가가 태양과 영원함을 의미하는 원 안에 놓여, 땅과 사

고문기구들

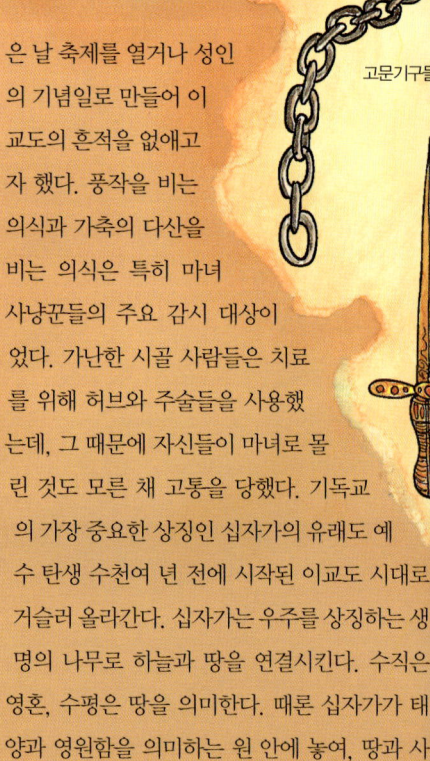

켈트 족의 십자가

계절의 순환을 상징하기도 했다. 십자가는 많은 종류의 자연 마법과 함께 행운과 보호를 빌기 위해 사용되었다.

동물과 접신

마녀의 숭배 대상은 당연히 악마다. 악마를 뜻하는 영어 데블(Devil)은 문자 그대로 '작은 신'을 의미한다. 새로운 종교가 나타나면, 옛날의 신은 새로운 종교의 작은 신이 된다. 악마는 인간이나 동물의 모습으로 태어난다고 한다. 인간과 동물의 모습으로 처음 등장한 악마는 남 프랑스 아리에제 지역의 동굴 벽에 기록되어 있다. 악마는 보통 수사슴의 모습으로 뿔이 나 있다. 독일과 프랑스에서는 악마가 염소로 많이 나타났는데, 이것은 아마도 세레노스 신에서 유래된 것 같다.

유럽의 마녀들은 접신을 위해 심부름꾼을 부리고는 했다. 마녀집회의 주도자는 각각의 마녀들이 부릴 심부름꾼을 지정해 주었다. 프랑스에서는 새로운 일을 시작하기 전에 두꺼비에게 자문을 구했다. 유럽에서는 오늘날에도 세례요한 축일 전야제에 불꽃 축제를 여는데, 그 기간 동안 가축들을 불 속으로 통과시켜 보호를 기원한다. 연인들은 불꽃을 뛰어넘으며 버베인과 쑥을 불에 집어던지고 이렇게 말한다. "모든 불운은 사라지고 불에 타버려라." 그러고는 나뭇가지에 불을 붙여 집에 가져가서 화덕에 불을 붙인다. 전이의 마법도 유럽에서 행해졌다. 인간의 고통이 동물이나 다른 자연물로 옮겨간다고 믿은 것이다. 그래서 웨일즈에서는 질병이 닭에게 옮겨갔고 이탈리아에서는 열병이 나무로 옮아간다고 생각했다.

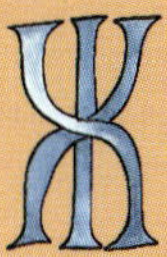

풍요

룬 문자(게르만 민족이 쓰던 특수문자)를 이용한 접신

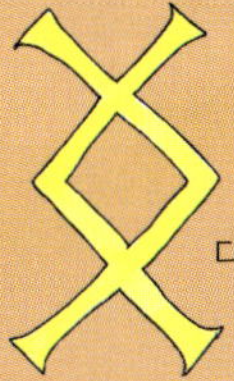

다산

과거 노스 족은 룬 문자를 접신을 위해 사용했다. 지금도 쓰이는 룬 문자는 기원전 3세기부터 쓰였을 것이라고 한다. 룬 문자의 글자 하나하나는 알파벳의 글자와 같지만, 마법의 의미를 지니고 있다. 예를 들면 다산이나 풍요 등의 의미 같은. 룬 문자를 통한 접신은 룬 문자가 씌여진 돌을 던지며 그것을 해석하는 식으로 이루어진다.

사랑

정절

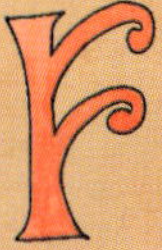

행운

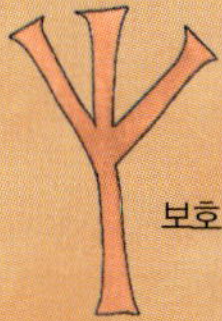

보호

마녀의 심부름꾼

생명의 집

집에서 나쁜 기운을 없애주는 이집트 식 주술

필요한 것

오일과 소금

로즈마리, 샐비어, 올리브

샘물 한 대접

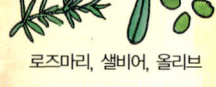

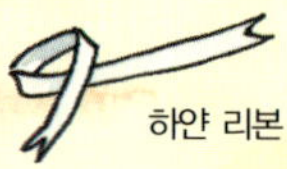

하얀 리본

이집트 인들은 마법의 힘을 믿었다. 이집트 상형문자에는 "말이 모든 것을 만들어냈다. 우리가 사랑하고 미워하는 모든 것, 존재하는 모든 것들을 만들어냈다. 분명한 목소리로 말해지기 전까지는 아무 것도 존재하지 않았다"는 문구가 있다. 이 주문을 스스로 외워도 좋고, 가족과 함께 외워도 좋다.

방법

주술에 참가하는 사람들은 모두 목욕을 하여 정화시켜야 한다. 목욕물에 자신이 좋아하는 오일 일곱 방울과 영원과 불멸, 즉 생명의 상징인 소금 한 숟가락을 넣는다. 로즈마리, 세이지, 올리브(평화의 꽃인 올리브 꽃 대신 올리브를 쓴다)를 넷으로 나누어 집 귀퉁이마다 한 줌씩 놓는다. 대접에 샘물을 담아 손가락으로 집 여기저기에 모두 뿌린다. 주술을 하는 사람들은 샘물을 중앙에 두고 모두 원형으로 둘러선다. 흰색 리본을 돌리며 모든 사람들이 시계 방향으로 돌며 노래한다.

"우리 집을 방문하는 당신, 나쁜 마음을 품지 마세요.
나는 신성한 약초의 힘에 의지해 이 말을 합니다.
우리 집의 네 귀퉁이에 약초가 놓여 있습니다.
그리고 방에는 신성한 물을 뿌렸습니다.
그러니 어떤 정령에게도 홀리지 않게 하소서."

마가목과 붉은 리본

당신의 집을 축복해주고 보호해줄 드루이드의 주술

필요한 것

마가목 가지

에일 한 병

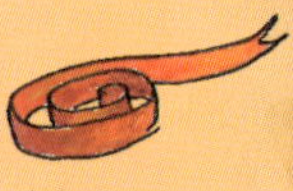

빨간 리본

마가목의 영어 이름은 로완인데, 이것은 주술을 뜻하는 '루나' 라는 노스족의 언어에서 비롯되었다고 한다. 마가목은 보호수로, 수백 년간 호신용 부적으로 사용되어 왔다. 마가목은 고대의 돌구조물 흔적에서 쉽게 찾아볼 수 있는데, 드루이드들이 마가목의 열매와 나무를 마술 의식에 사용했기 때문이다. 스코틀랜드 집들의 굴뚝에는 마가목으로 만든 받침이 설치되어 있다. 그리고 오월 전야제에서 마가목 열매를 암소의 꼬리에 묶어 악령을 내쫓는 의식을 한다.

방법

길이가 약 25센티미터 정도 되는 마가목 가지를 두세 개 모은다. 주의할 점은 절대 칼로 잘라 길이를 맞추려 하지 말고, 반드시 적당한 길이의 나뭇가지를 찾아야 한다. 나뭇가지를 줍기 전에 나무기둥에 에일을 헌주하며 축복을 빈다. 빨간 리본을 이용해 마가목 가지를 십자가 형태로 만든다. 이마와 가슴에 이 부적을 닿게 하고 입맞춤한다. 이것을 지니고 집안의 모든 방을 다니는데, 팔을 쭉 뻗어 부적을 쥐고는 방마다 원을 그리며 돌아라. 그리고 현관까지 뒷걸음질쳐 간 다음, 문 위에 마가목을 걸어 두면 된다. 계속 마법의 보호를 받고 싶다면 이 의식을 일 년에 네 번, 3월 25일, 6월 24일, 9월 29일, 12월 25일에 행해야 한다. 이 주술의 효능을 충분히 누리고 싶으면 집 근처나 화분에 마가목을 심고 아침 햇살을 받게 하라.

친척의 초대

성가신 관계를 해결하는 데 도움을 주는 동양식 달의 주술

필요한 것

꽃

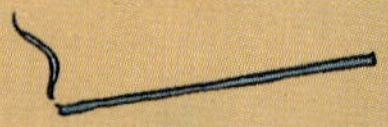
향

황금색 양초

장미수 한 접시

별다른 이유 없이 친지와 사이가 좋지 않고 관계가 얽힌다면, 이 마법이 상황을 호전시켜 줄 수 있다. 주술을 하기 전에 반드시 문제의 원인을 분석해야 한다. 그리고 가능하면 긍정적으로 생각하고, 싸움의 여지를 피하며 관계를 안정시키는 것이 중요하다.
그믐에 이 주술을 행해 부정적인 감정을 몰아내라.

방법

그믐달이 뜨는 밤에 친지를 초대한다. 그들이 도착하기 전에 네 가지 재료를 모아 두었다가, 당신이 친지들을 접대할 방의 동서남북에 다음과 같이 놓아두어라.

땅을 뜻하는 꽃은 북쪽에
공기를 뜻하는 향은 동쪽에
불을 뜻하는 황금색 양초는 남쪽에
물을 뜻하는 장미수는 서쪽에

이런 배치가 마법의 균형을 만들어 주어 분위기 좋은 만남이 지속될 것이다. 손님에게 가능한 많은 음료를 접대하며 긍정적인 태도를 보여라. 손님이 도착하기 바로 전에 초와 향에 불을 붙여라. 그리고 정기적으로 이 주술을 반복해라.

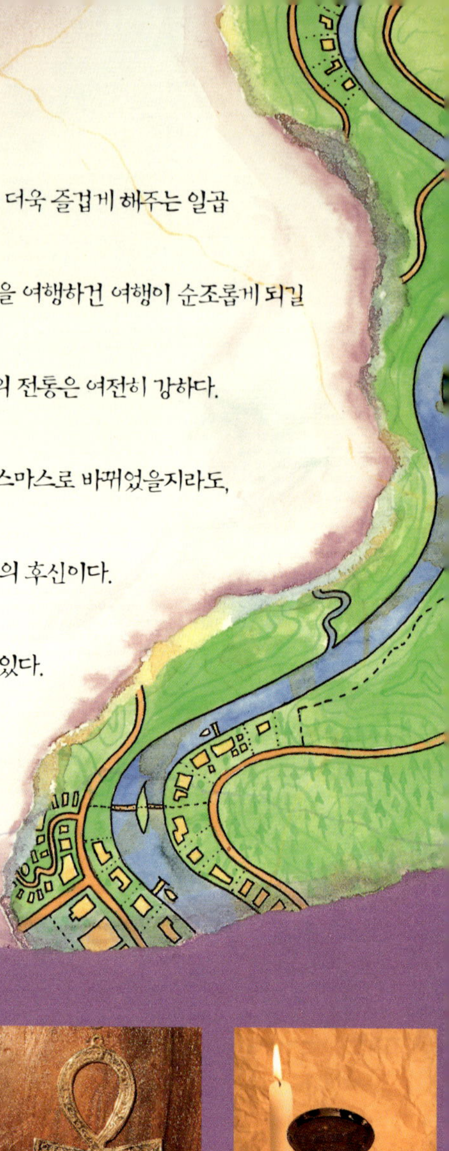

축제와 휴가를 더욱 즐겁게 해주는 일곱 가지 주술. 어떤 곳을 여행하건 여행이 순조롭게 되길 빌어준다. 고대부터 내려온 축제의 전통은 여전히 강하다. 달력에 적혀 있는 축제의 이름이 부활절이나 크리스마스로 바뀌었을지라도, 이 모두가 사실은 기독교 이전 시절부터 있던 축제의 후신이다. 이런 축제에는 마법의 기운이 아직도 강하게 남아 있다.

생강의 주술

낯선 환경에 적응하기

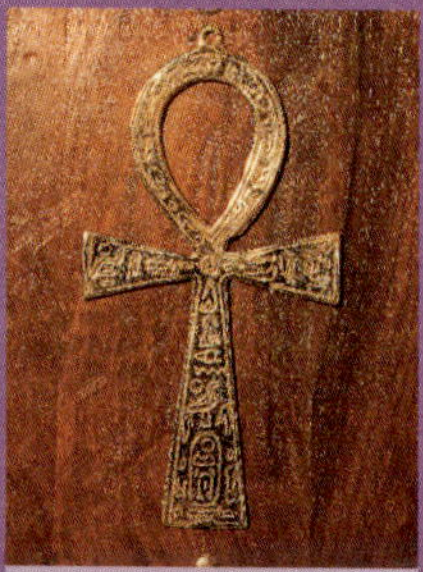

여행자의 부적

5월의 소원

축제와 휴가

High Days & Holidays

삼하인의 의식

흰 파도의 주술

율의 시작

생강의 주술

여행을 순조롭게 하고 곤란을 겪지 않게 하는 주술

필요한 것

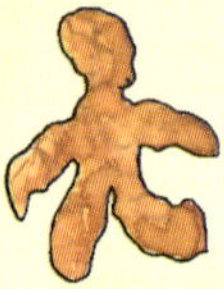

생강 한 뿌리

노란 리본 세 개

작은 나무상자

생강은 역사가 오래 되었다. 공자는 생강을 높이 평가했으며, 『코란』에도 생강은 천국의 음식이라고 적혀 있다. 임신중 구토를 느낄 때 날 생강을 조금 씹으면 구토증을 치유할 수 있고, 여행할 때 액체로 만들어 갖고 다니면 병을 예방할 수 있다. 천둥과 보호의 신 토르의 이름을 딴 목요일에 이 주술을 행하면 좋다. 노르웨이 부모들은 어린아이의 이름을 토르라고 지어 신의 보호를 기원하기도 한다.

방법

사람 모양을 닮은 생강을 구한다. 만약 사람 모양을 구하기 힘들면, 칼로 다듬어 사람 모양을 만든다. 생강에 노란 리본으로 세 군데를 묶어 장식한다. 팔목, 허리 등은 묶어도 되지만 목 주변은 안 된다. 리본을 묶으면서 매듭에 입맞춤을 하면서 좋은 일이 생기기를 빌어라.

"제 인생의 모든 여행에서, 저를 위험으로부터 보호해주시고 안전하게 해주세요."

생강을 나무상자에 집어넣고 뚜껑을 닫아 건조한 곳에 보관해라. 여행을 떠나기 전, 이 생강을 만져본다. 참고로 이 주술은 6개월마다 반복해야 한다.

낯선 환경에 적응하기

자신이 속한 환경과 조화를 이루기 위한 아메리카 인디언의 의식

필요한 것

노란 양초

꽃

샘물 한 대접

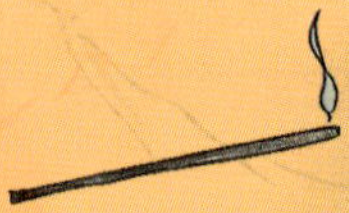
향

옛날 아메리카 인디언들은 이 주술을 낯선 곳을 여행하다 우주의 네 가지 요소 즉, 땅, 공기, 불, 물이 조화를 이루는 곳에서 행했다. 그리고 자신이 영적인 환경의 일부가 되기를 바랬다. 조화의 경지에 도달하기 위해서는 고대의 지혜가 필요하다. 오늘날의 빡빡한 일정과 환경의 제약들로 인해 이 주술이 항상 가능하지는 않지만, 같은 목적을 위해 다른 방식으로 할 수도 있다.

방법

어느 곳에 가건 도착하자마자 자신만의 공간을 찾는다. 불을 상징하는 양초를 켜 방의 남쪽에 놓고, 땅을 상징하는 꽃을 북쪽에, 서쪽에는 샘물을, 그리고 공기를 상징하는 향을 동쪽에 놓는다. 이런 상징물들의 한가운데 누워서 눈을 감는다. 자신이 앞에 있는 문을 보고 있다고 상상한다. 그 문을 통과해 화려한 녹색의 천국으로 들어가면, 햇빛으로 된 사다리가 위로 향하고 있다고 생각한다. 산들바람이 나뭇가지를 부드럽게 흔드는 것처럼 마음속으로 색색의 그림을 그려본다. 눈꺼풀은 벨벳처럼 부드럽게 감겨 있지만, 길이 자신을 향해 손짓하고 있다. 그것을 따라가다보면 빈터에 도착한다. 빛이 천천히 희미해지면 축복을 받고 돌아온다. 눈을 떠 몸을 쭉 편 뒤, 이 경험을 기록해두고 자신 안에서 그 경험이 싹트기를 기다려라.

여행자의 부적

위험과 나쁜 기운을 쫓아주는 이집트 식 부적

필요한 것

개암나무 가지 두세 개

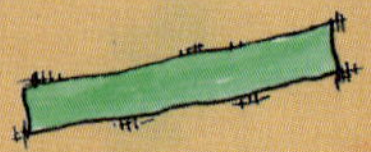

색깔 있는 실크 천 조각

모든 문명에는 호신을 위해 부적을 몸에 지니는 전통, 특히 집을 떠나 여행을 할 때 부적을 지니는 전통이 있다. 부적은 대부분 특별히 주문한 금속으로 만들었다. 왕관에 박혀 있는 탄생석이나 귀중한 보석들은 특별한 상징과 보석이 지니고 있는 가치를 따져 선택된 것이다. 가장 오래된 부적 중의 하나가 바로 이집트의 앙크 십자가인데, 불멸과 쉼없이 여행을 할 수 있는 힘을 상징한다. 여성과 남성 모두를 상징하고 '생명의 열쇠'로도 알려져 있다.

방법

개암나무 가지는 마르지 않은 것이어야 부러지지 않고 잘 휘어진다. 개암나무 가지를 앙크 모양으로 만든 다음, 좋아하는 색이나 탄생과 관련된 색의 실크 조각으로 묶는다. 이 부적은 가능한 작게 만들어 항상 몸에 지니고 다녀라. 나무 앙크 대신 보석상에 부적을 만들어 달라고 주문할 수도 있다. 어떤 식으로 만들건 몸에 지니기 전에 반드시 이마에 올려놓고 보름달 아래서 달빛을 받게 해서 보호의 효력을 강화시켜라.

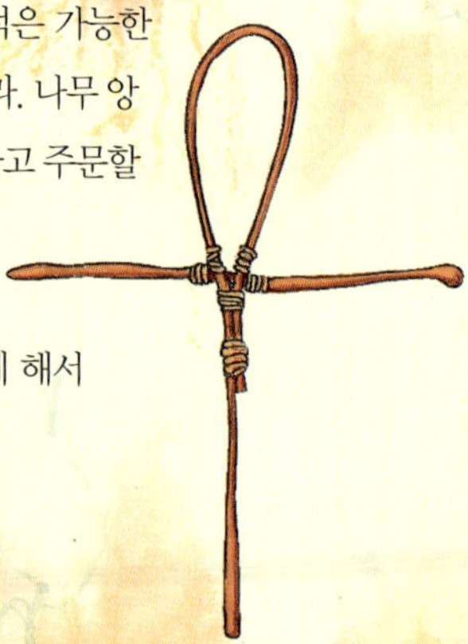

5월의 소원

사랑과 좋은 감정을 갖기 위해 신께 행운을 비는 5월의 주술

필요한 것

산사나무 가지

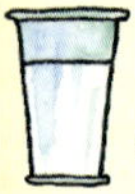

우유 조금

흰색 양초

쥬니퍼,
프랑킨센즈 오일과
오일버너

봄이 절정에 달한 5월이 되면 유럽에서는 5월을 축하하는 행사가 많이 열린다. 5월(메이)은 봄의 여신인 마이아 마제스타스에서 비롯되었다. 신성한 나무를 세우거나 메이폴을 세우는 것은 고대의 나무 숭배와 유사하다. 스칸디나비아에서는 자작나무를 즐겨 이용했다. 가지가 벗겨진 자작나무들을 리본과, 종이, 꽃으로 장식했는데, 이것은 모든 생명체의 근원인 위그드라실 즉 '세계의 나무'를 기념하기 위한 것이었다. 5월 전야제에는 젊은이들이 숲속에서 밤을 보내기 전에 축하의 불을 뛰어넘으며 다산을 기원했다. 산사나무가 활짝 피는 것은 겨울에서 여름으로 변화되는 것을 보여주는 것이다. 5월 1일은 봄의 여신을 기념해서 산사나무를 집에 가져갈 수 있는 특별한 날이다.

방법

5월 1일에 산사나무를 찾아서 가지 몇 개를 꺾는다. 나무 기둥에 우유를 조금 붓고 나무의 정령에게 감사를 드린다. 산사나무 가지를 손에 쥐고 가능한 오래 같이 앉아 있는다. 그리고 주변의 생명체와 하나가 되어라. 집에 돌아와서 초에 불을 켜고 오일에 불을 붙인 후, 그 위에 산사나무 잎을 뿌린다. 버너를 가지고 집안이나 집 밖의 주변을 돈다. 이때 마음속으로 태양의 에너지를 받으며 생명의 순환이 영원히 지속되는 것에 집중한다. 산사나무 가지를 문 위에 걸고 사랑과 좋은 감정이 계속 남아 있기를 기원한다.

동양의 마법

동양에서는 수세기 동안 매우 다양한 마법이 행해졌다. 오일, 허브, 향신료, 지역마다 다른 신들과 연결된 상징들이 일반적으로 행해졌다. 중요한 것은 마법은 이를 행하는 사람이 가장 높은 정신적 경지에 도달하기 위해 시행했다는 데 있다.

인도

인도의 신화와 마술, 종교는 지난 3천5백 년 동안 기존의 체제에 새로운 신앙을 흡수하며 발전해왔다. 그래서 인도에는 전세계 어느 곳보다 복잡하고 다양한 신앙이 생겨났다. 심지어 '사람보다 신이 많다' 라는 말까지 있을 정도다.

광대한 인도 신화는 『리그베다』에 기록되어 있는데, 이 책은 고대의 찬가 모음집이다. 베다 찬가에 의하면 인드라는 힌두 신의 왕으로 하늘을 지배한다.

인드라는 오른손에 천둥 번개를 들고 가뭄의 악마와 싸우며 해마다 마른 땅에 비를 뿌려준다. 전투가 일어나기 전에 인드라는 '소마' 라는 영생의 음료를 마신다. 첫번째 승리는 세계의 산에 똬리를 틀고 있던 뱀 빈트라를 죽인 것이다.

브라마

또 불의 신 아그니는 생명의 중요한 불꽃을 상징하며 인간과 신들의 중간자 역할을 하는데, 오늘날에도 가정에서 불과 관련된 예식을 할 때 그를 숭상한다.

창조의 신 브라마는 세계의 보호자인 비슈누, 파괴자인 시바와 함께 힌두 삼신 중의 하나다. 인도 신화에서 궁극적인 목표는 삶, 죽음, 재생이라는 순환적인 고리에서 벗어나 더 높은 경지의 의식이나 존재가 되는 데 있다.

비슈누

중국과 일본

중국 문명은 전세계에서 가장 오래되었다. 중국 문명은 다섯 가지 요소

중국의 다섯 요소

중국의 다섯 가지 상징

음과 양

로 이루어져 있어 중국인들에게 5는 마법의 수로 인식되어 있다. 나무(木), 불(火), 흙(土), 쇠(金), 물(水)은 다섯 계절과 연관되어 있다. 한편 다섯 요소는 오방과 다섯 행성과 관련이 있다. 중국에서는 설날을 비롯한 축제가 모두 음력에 행해진다. 불꽃놀이와 북을 치는 행사는 해가 바뀔 때에 악귀를 쫓기 위해 하는 것이다. 중국의 음양 사상에서 양은 태양과 밝음으로 남성을 의미한다. 음은 그림자와 어두움으로 여성을 의미한다. 음과 양은 서로 조화를 이루며 우주의 자연 질서를 상징한다.

일본의 신도는 일본에서 가장 오래된 신앙체계인데, 자연과 인간에 깃들어 있는 카미(神)를 믿는 신앙이다. 지역 축제에서는 젊은 남성과 여성이 지방의 신을 모시며 동네를 정화하는 의식을 한다. 태양신 아마테라스는 일본의 가장 중요한 신이다. 이세에는 아마테라스를 모시는 가장 중요한 신사가 있는데, 노송과 짚을 이용해 7세기의 형태와 똑같이 복원해놓았다.

동남아시아

동남아시아의 대부분 문화적 전통은 중국과 인도의 영향을 받았고, 독자적인 문화를 갖는 곳은 소수에 불과하다. 발리에서는 악령을 쫓기 위해 교차로에서 주술을 행한다. 뿔피리를 불어 악령을 불러내고, 무시무시한 가면을 쓰고 횃불을 든 장정들이 악령을 쫓아낸다. 24시간 동안 정적만이 감돌면 악령은 섬에 아무도 살지 않는다고 생각해 떠나버린다고 여긴다.

보르네오에서는 새로 태어나는 아이들을 위해 과일나무를 심는다. 아이들이 나무의 성장과 관계가 있다고 믿는 것이다. 필리핀에서는 조상들의 영혼이 나무에 살고 있다고 믿어서, 나무를 지날 때마다 절을 한다. 자바 섬에서는 우기에 축제를 여는데, 주술사들은 비구름을 숭배하며 비가 계속 내리기를 빈다.

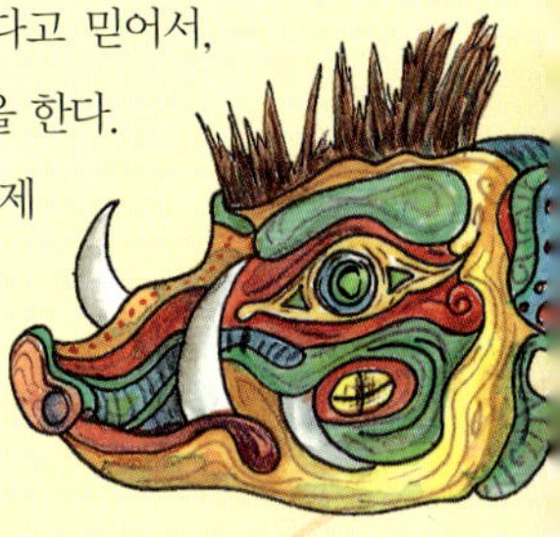
발리의 멧돼지 가면

삼하인 의식

과거의 고통과 슬픔을 사라지게 하는 켈트 식 주술

필요한 것

개인 소지품

보라색 양초

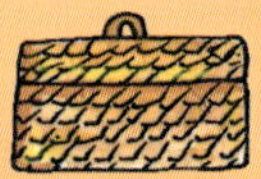

작은 왕골 가방

종

이 주술은 11월 1일에 행한다. 삼하인의 불꽃 축제는 켈트 족이 새해가 시작되는 것을 기념해 열었다. 11월은 과거와 현재, 산 자와 죽은 자의 경계가 희미해지는 중간 달이다. 종말과 시작의 달이고, 재생의 씨앗을 뿌리는 때이자 과거를 훌훌 털어버리고 미래를 계획하기 좋은 때다.

방법

힘든 일이나 슬픈 감정을 훌훌 털어버리고 새롭게 시작하기 위해 떨쳐버리고 싶은 것을 상징하는 소지품을 준비한다. 11월 1일의 첫 시간에 보라색 양초에 불을 붙이고, 그 소지품을 작은 왕골 가방에 집어넣은 후, 뚜껑을 촛농으로 봉한다. 가방을 들고 촛불을 바라보다 종을 세 번 치고 다음과 같이 노래한다.

"특별한 밤의 정령이여,
제 과거의 고통을 들으시어
앞으로는 손해가 없기를 바라옵고,
비옵나니 밝고 달콤한 미래를 주소서."

이 주술을 세 번 반복하고 노래를 부르며 종을 친다. 다음날 아침 가방을 꺼내 땅에 묻는다.

흰 파도의 주술

과거의 상처를 치유하고 새로운 출발을 도와주는 노스 족의 주술

필요한 것

은화(또는 은반지)

조개껍질 두 개

버베인 잎

와인 한 병

새 출발을 기원할 때 하는 주술. 이 주술은 노스 족의 문화에서 비롯되었다. 노스 족은 북해를 배경으로 다양한 전통을 발전시켰다. 새로운 사랑, 새로운 직업을 갖게 되거나 사이가 나쁜 친구와의 화해 등 새 출발이 필요할 때 한다. 물을 이용한 마법 중에서는 바다로부터 비롯된 것이 가장 강력하다. 바다의 조수는 달의 영향을 받기 때문에 보름달 기간에 행하는 것이 가장 효과가 크다. 밀물 때 조용한 바닷가로 가서 이 주술을 행하라.

방법

손을 쭉 뻗고 은화, 조개껍질 두 개, 버베인 잎을 쥐고 달의 축복을 빌어라. 바다와 달을 향해 축배를 들고 잠시 쉬면서 마음을 정리하며 원하는 것을 떠올린다. 파도를 향해 조개껍질 하나를 가능한 멀리 던지고 소원을 빈다. 다른 조개껍질로는 모래 위에 소망과 이름을 적는다. 조개껍질과 은화를 버베인 잎에 싸서 파도가 일곱 번 밀려오는 것을 기다렸다가 글씨를 써놓은 한가운데에 묻는다. 뒤로 물러서서 밀물이 자신의 소원을 쓸어가기를 기다리면서 이렇게 노래해라.

"흰 파도여, 저의 소원을 들어주소서.
그리고 새롭게 시작하게 해주소서."

율의 시작

가장 암울한 때에도 희망이 생기기를 비는 러시아 식 주술

필요한 것

흰색 양초 세 자루

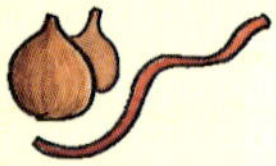

작은 양파 두 개와
빨간색 줄

소금

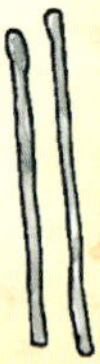

자작나무 가지 두 개

바퀴를 의미하는 '율(Yul)'은, 한 해의 원점으로 되돌아가 다시 앞을 향해 가는 시기다. 양파와 소금은 모두 정화제로, 새로 시작하는 시기에 순탄한 출발을 도와준다. 러시아에서는 자작나무가 재생의 상징으로 크리스마스 철에 사용되었고, 백야 때에는 자작나무에 여자 옷을 잎혀 여름을 재촉했다.

방법

동지 전날인 12월 21일, 양초에 불을 붙인다. 촛불을 바라보며 양파 껍질을 까서 빨간 줄로 묶으며 이렇게 말한다.

> "과거와 현재의 정령이여,
> 이제 해가 바뀌면 악의 접근을 막고,
> 평화와 즐거움이 넘치게 하소서."

집 앞문과 뒷문에 양파를 걸어둔다. 뒷문이 없으면 창문에 건다. 크리스마스 이브에 양파를 꺼내 소금을 뿌린다. 빨간 줄을 푼 다음 양파를 태우거나 묻는다. 은색 자작나무 가지를 이마에 대었다가 양파를 걸었던 앞문과 뒷문에 빨간 줄로 걸어놓는다.

인생에서 꼭 필요한 행운을 비는 일곱 가지 주술. 네 가지는 행운을 부르는 가장 중요한 요소인 즐거운 마음과 긍정적인 마음을 갖게 해주는 주술이다. 나머지 세 가지는 '비밀 주술'로 봉인해 놓았다. 그 속에는 나쁜 기운을 없애고, 행운과 평화를 가져다주는 강력한 주술이 들어 있다. 이 주술을 행할 때 나쁜 마음을 품으면 결코 안 된다. 페이지를 열기 전에 잘 생각해 볼 것! 자신이 무엇을 원하는지 분명히 알지 못할 수도 있으니까. 누군가에게 해를 끼치기 위해 주술을 행하는 것은 바보짓이다. 결국 자신에게 돌아올 뿐이므로.

행운의 부적

비밀 주술

마음에 들지 않는 구애자를 뿌리칠 때 열 것!

구애자 뿌리치기

바람의 주술

비밀 주술

사랑의 경쟁자가 생겼을 때 열 것!

경쟁자 물리치기

행운의 부적과 수호물

Lucky Charms & Life Savers

비밀 주술

직장 동료와
문제가 생겼을 때
열 것!

그림자와 싸우기

요일과 식물

데이지 꽃 목걸이

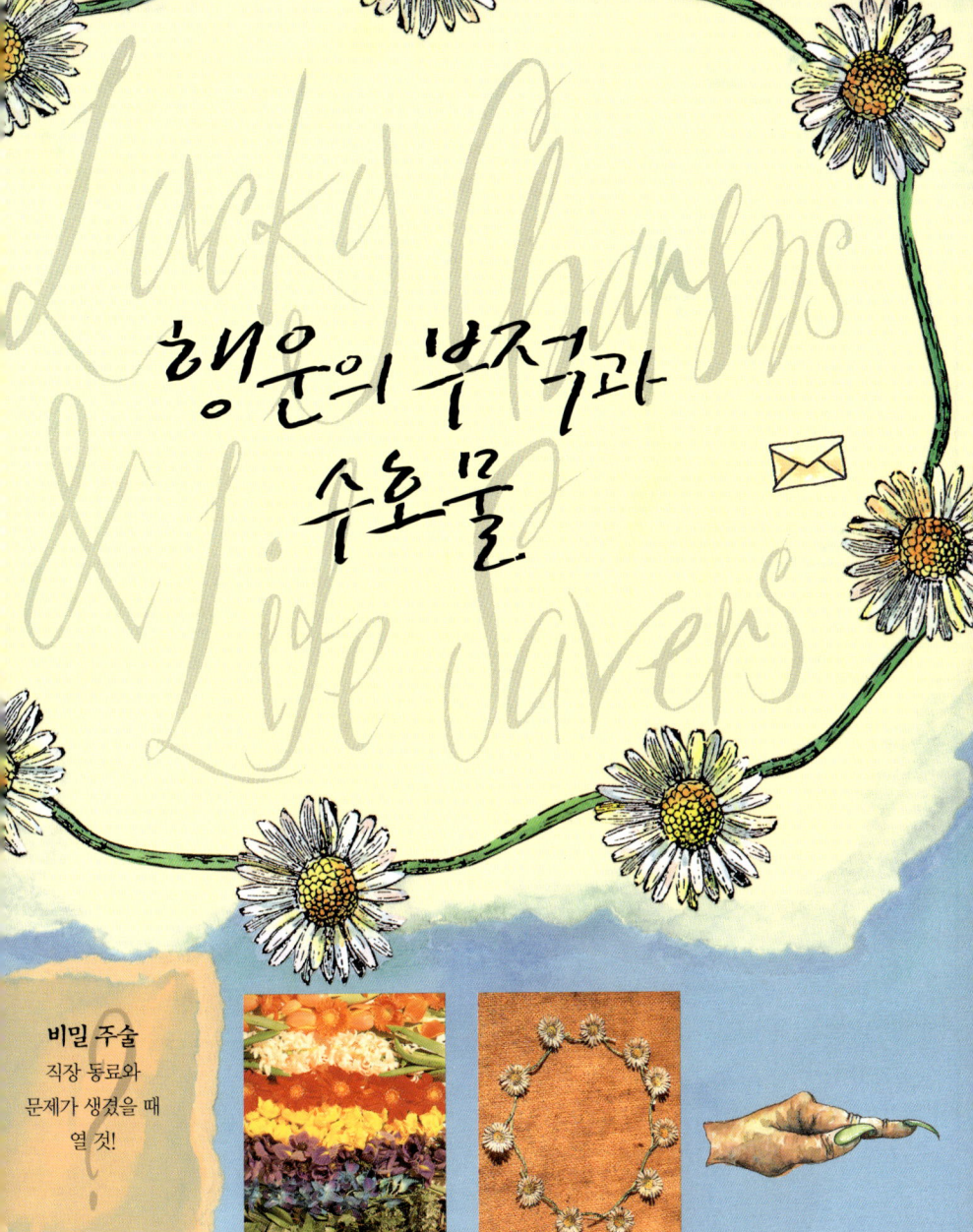

행운의 부적

행운과 소원 성취를 비는 주술

필요한 것

빨간 양초와
초록 양초 각각 네 자루

와인 한 잔

견과류

둥근 자갈

음식은 언제나 마법에서 중요한 상징으로 쓰였다. 케이크나 음식에 이름을 쓰는 전통은 고대 그리스의 여신 숭배 시기까지 거슬러 올라간다. 꿀로 만든 케이크 위에 이름을 쓰고 촛불을 켠 다음 훅 불면, 케이크에 담긴 소원이 그것을 먹는 사람에게로 옮겨진다. 달이 차오를 때 이 주술을 행해라. 빨간 양초는 행운을, 초록 양초는 번영을 상징한다. 특별한 소원이 있다면 그것과 어울리는 다른 색의 양초를 써도 좋다. 견과류는 새로운 성장을 약속한다.

방법

색깔 있는 양초를 크고 둥글게 배열하고 북, 북동, 동, 남동, 남, 남서, 서, 그리고 북서 여덟 방위에 각각 놓는다. 원 가운데에 와인 한 잔을 놓고 그 옆에 견과류가 담긴 그릇을 놓는다. 주술을 하는 동안 왼손에 조약돌을 쥐고 있어라. 조약돌은 끝없이 돌고 도는 생명의 고리와 우주를 상징한다. 북쪽의 초를 우선 켜고, 원 가운데로 돌아온다. 땅콩을 와인에 담그고 소원을 빈 후 먹는다. 양초를 모두 켤 때까지 이것을 반복하는데, 양초는 시계 방향으로 켜라. 소원을 여덟 단계로 나누어 양초를 켤 때마다 하나씩 빌면 좋다. 모든 것이 끝나면 원 가운데에 앉아서 나머지 와인을 마시며 세계를 위해 축배를 든다. 조약돌은 행운의 부적으로 지니고 다녀라.

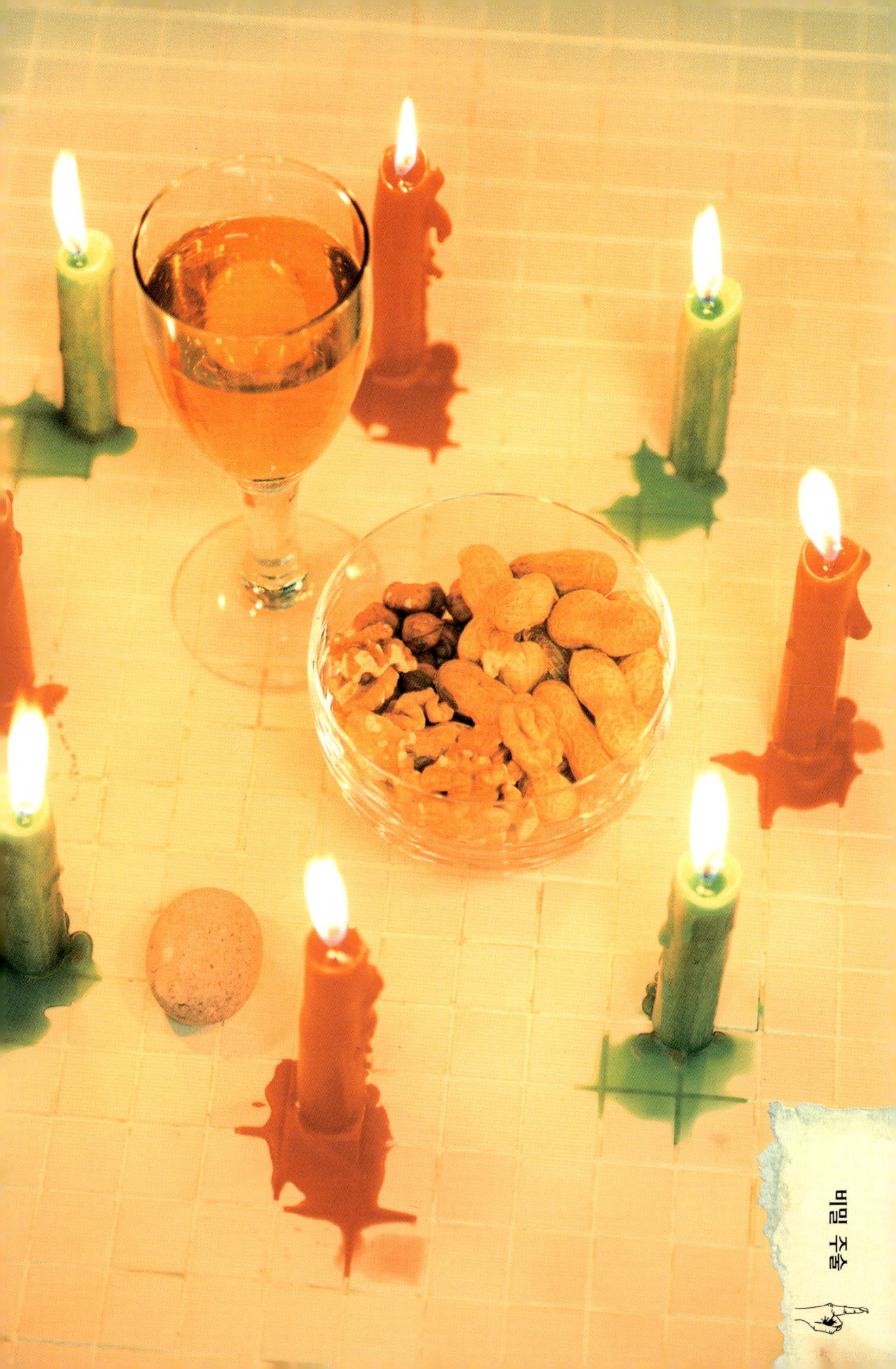
비밀 주술

구애자 뿌리치기

마음에 들지 않는 구애자를 뿌리치고 싶을 때 열 것!

필요한 것

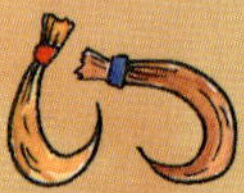

자신과 구애자의
머리카락 한 뭉치씩

버드나무 가지

보라색 양초

제니 덩굴 가지

그믐날 토요일 저녁에 주술을 행하는 것이 좋다. 제니는 북유럽이 원산지인 식물이지만 현재는 전세계에 퍼져 있다. 고대 신화에서는 종속을 상징했는데, 아마 몸을 바짝 움츠리고 자라기 때문인 것 같다.

방법

이 주술은 혼자만 알고 비밀을 지켜야 한다. 자신의 머리카락과 당신이 원하지 않는 구애자의 머리카락을 구해 시계 방향으로 꼬며, 자신의 이름과 상대방의 이름을 부른다. 휘감은 머리카락을 나뭇가지에 시계 방향으로 돌려라. 촛불을 켜고 나뭇가지를 세 번 촛불에 닿게 한다. 그리고 그것들을 모두 묶는다. 제니(없을 때는 주변에서 손쉽게 구할 수 있는 덩굴식물 가지를 이용하면 된다)를 시계 반대 방향으로 나뭇가지에 묶으며 다음 주문을 외어라. 이때 반드시 상대방의 이름을 불러야 한다.

"악의는 없습니다.
하지만 (이름)을 쫓아주세요.
(이름)을 쫓아주세요."

나뭇가지를 어두운 비밀 공간에 걸어두어라. 제니가 시들고 마르면, 당신에 대한 그의 관심도 사라질 것이다.

바람의 주술

행운과 행복, 성공을 비는 중국 주술

필요한 것

화학분해되는
헬륨 풍선

긴 줄

중국에서는 소원을 적은 글이나 그림을 붙인 깃발과 연을 하늘로 높이 올려보내는 의식을 행한다. 그때에는 행복의 삼신, 즉 장수의 신 슈싱, 행복의 신 푸싱, 재물의 신 류싱을 주로 그린다. 또 신들을 상징적으로 표현하기도 한다. 행복은 박쥐, 재물은 사슴, 장수는 소나무나 황새로 표현된다. 이 주술은 성공과 부, 행복을 비는 것이다. '바람 일으키기'는 오래된 주술 중 하나로 행운과 성공을 가져다 준다고 한다.

방법

바람 부는 날, 언덕 위에 올라가거나 탁 트인 바닷가로 나가라. 풍선을 끈에 매달아 걸으면서 끈으로 매듭을 만든다. 매듭을 매면서 자신이 변하고 싶은 모습을 그려본다. 끈을 통해 자신의 몸에서 에너지가 뿜어 나온다고 상상하며 풍선을 뒤로 하고 힘차게 달리며 끌어당긴다. 시계 방향으로 일곱 번 돌면서, 바람의 힘이 몸 안으로 들어와 기운을 솟게 해라. 매듭을 풀고 풍선을 하늘로 날려 보내며 주술이 성공과 행복을 가져다 주기를 빈다.

비밀 주술

경쟁자 물리치기

사랑의 경쟁자를 물리치기 위한 주술

필요한 것

종이 한 장

마늘

봉투

보라색 양초

살다보면 종종 자신이 사랑하는 사람을 유혹하는 사랑의 경쟁자를 만나는 곤란한 상황에 처하기도 한다. 경쟁자 때문에 사랑하는 사람과의 관계에 문제가 생길 수도 있다. 나쁜 뜻이 없다면, 보름달 바로 직후에 이 주술을 행한다. 한 가지 기억해둘 것! 연인의 의지와 상관없이 그를 사로잡고자 한다면 이 주술은 효과가 없을 것이다. 오히려 자신의 삶에 무언가 나쁜 기운이 감돌기 시작할 것이다.

방법

방해받지 않을 비밀 장소에서 이 주술을 행한다. 종이에 경쟁자의 이름을 적는데, 이름을 모르면 마술 이름을 지어 적는다. 마늘 껍질을 벗겨 종이 위에 적혀 있는 이름에 대고 문지른다. 그런 다음 종이를 봉투에 집어넣는다. 초를 켜고는 촛농으로 봉투를 봉해라. 이마 높이에 봉투를 들고는 이렇게 말한다.

**"(이름) 나는 악의도, 상처도, 아픔도 없습니다.
당신의 욕심으로부터 나의 연인을 풀어주세요."**

촛불로 봉투를 태우고 남은 것들을 치운다. 그리고 남은 재료와 양초는 모두 땅 속에 묻는다.

어둠의 마법

자연과 공동체를 위해 행해지는 마법은 전세계적으로 발달했다. 하지만 거기에는 어두운 세계도 있다. 옛날부터 마법을 부리는 사람들은 자신들이 엄청난 힘을 갖고 있어서 개인의 이익을 위해서도 마법을 이용할 수 있다는 것을 알고 있었다.

연금술사와 마녀들

철학, 과학, 종교의 결합인 연금술은 아주 오랜 시절부터 행해져 왔다. 중세의 연금술사들은 자연이 작은 씨앗으로 큰 나무를 만들 수 있듯 자신들도 자연의 신비한 과정을 흉내낼 수 있고, 그래서 단순한 광물을 금이나 은으로 변화시킬 수 있다고 믿었다. '현자의 돌'은 이것을 가능케 하는 힘을 가진 돌이었다. 한편 이 힘은 생명의 진화를 가능케 하는 힘이라고도 믿어졌다. 연금술사들은 태양은 금과 영혼의 상징으로, 달은 은과 육체의 상징으로 보았다. '현자의 돌'은 유황, 소

날개 달린 용으로 묶인 태양과 달

금, 수은을 섞어 만든 것으로, 수은의 성질로 인해 변덕스러움의 상징인 용으로 불리기도 했다.

연금술의 원래 목적은 땅에 기운을 새로 불어넣어 복원하는 것이지만, 많은 연금술사들이 본래의 목적을 잊고 부를 위하여 악마주의에 빠지기도 했고 초능력을 탐하기도 했다. 악마와 마법의 계약을 맺음으로써, 악마가 자신들을 위해 일해 줄 것이라고 믿었다. 하지만 죽은 후에 마법사는 악마의 종이 되어야 했다. 그래서 마법사들은 목숨을 오래 부지하기 위해 시체를 이용하거나 살아 있는 것을 제물로 바치는 등의 일을 저질렀다. 악마와 계약을 맺을 때 마법사들은 자신의 피로 "다른 이의 피를 조종

연금술사들이 사용하는 달과 은의 상징

어둠의 마법을 위한 별

선한 마법을 위한 별

하는 이의 영혼을 그는 조종한다"라는 글귀에 서명을 해야 했다.

갈라진 발굽 사인

어둠의 주술을 하는 마법사들은 선의의 사인이나 자연 마법의 상징을 사용할 수 없다. 그것들을 사용해도 실패만 할 뿐이다. 좋은 마법에서 사용하던 상징들도 뒤집어지거나 왜곡되어 그 힘이 변질된다. 스와스티카가 바로 그런 예다. '행운을 가져오는 것'이란 뜻의 산스크리트어에서 비롯되었으며 많은 문화에서 행복과 행운의 상징으로 쓰였지만, 오늘날에는 세계의 악을 상징한다. 오른쪽은 원조 스와스티카이고, 왼쪽의 스와스티카는 나치를 상징하는 문장으로 사용되는 것이다. 오각형의 별 모양도 마찬가지인데 좋은 마법과 어둠의 마법에서 모두 사용된다. 하지만 어둠의 마법에서는 뒤집어지거나 별 안에 틈이 갈라져 있고, 각들의 각도가 다르다. 이렇게 바뀐 것은 '갈라진 발굽의 사인'이라고 불린다.

갈라진 발굽의 악마

인형의 사용

적을 해치기 위해 점토, 왁스, 나무로 만든 인형을 사용하기도 했다. 인형을 핀이나 못으로 묶어 고정시켜 태우고, 녹이고, 땅에 묻음으로써 적에게 저주가 내리기를 기원했다. 기름과 곡물을 섞어 만든 인형을 희생자가 자주 다니는 장소에서 태워, 그 사람의 영혼을 사로잡는 시도를 한다. 때론 인형을 두 가지 색으로 만들어 한 면은 어둠의 주술에 다른 한 면은 좋은 주술에 이용한다. 땅에 사람의 모습을 그려 뾰족한 막대기로 그것을 찌르며 그 사람이 병에 걸리기를 바라기도 했다.

고대의 악마주의는 이기적인 욕망을 위해 사용되었고, 결과가 어떤 해를 불러올지 전혀 고려하지 않고 수단 방법을 가리지 않았다. 그런 위험한 마술은 결코 해서는 안 된다.

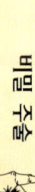

양면 부두 인형

그림자와 싸우기

질투심 많은 직장 동료를 물리치는 동유럽 식 주술

필요한 것

종이 한 장

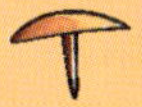

압핀이나 스카치 테이프

뚜껑을 꼭 닫은
통에 담긴 샘물

종종 직장 동료들에게 부당한 대우를 받는 경우가 있다. 그들이 당신을 시기하거나 사귀기 까다로워 그럴 수도 있다. 어쨌든 문제는 여러 방식으로 나타난다. 그런 상황에서 어떻게 지혜롭고 차분하게 처신해야 할지 정확히 알기란 쉽지 않다. 이 주술은 자신을 괴롭히는 직장 동료를 골탕먹이는 것이다. 하지만 절대 악의를 품지 말아야 한다. 상황을 호전시키고 나쁜 감정을 없애기 위해서만 사용하도록 한다.

방법

달이 기울어가는 시기 중 하루를 골라 한다. 종이 위에 그 사람의 이름을 적고 다른 준비물과 함께 직장에 가지고 간다. 이름이 적힌 면을 밑으로 가게 해서 테이블 위에 놓아라. 그 사람의 그림자가 종이에 비춰지도록 유도하라. 쉽지 않겠지만 포기하지 말아라. 종이에 그의 그림자가 비치면 그림자가 있는 곳에 핀이나 테이프를 고정시키고 샘물이 담긴 통에 종이, 핀을 집어넣는다. 뚜껑을 꼭 닫고 통을 이마에 댄다. 오른손을 통 위로 세 번 지나가게 하고는 마음속으로 모든 나쁜 감정을 몰아낸다. 통은 냉장고에 넣어 보관한다.

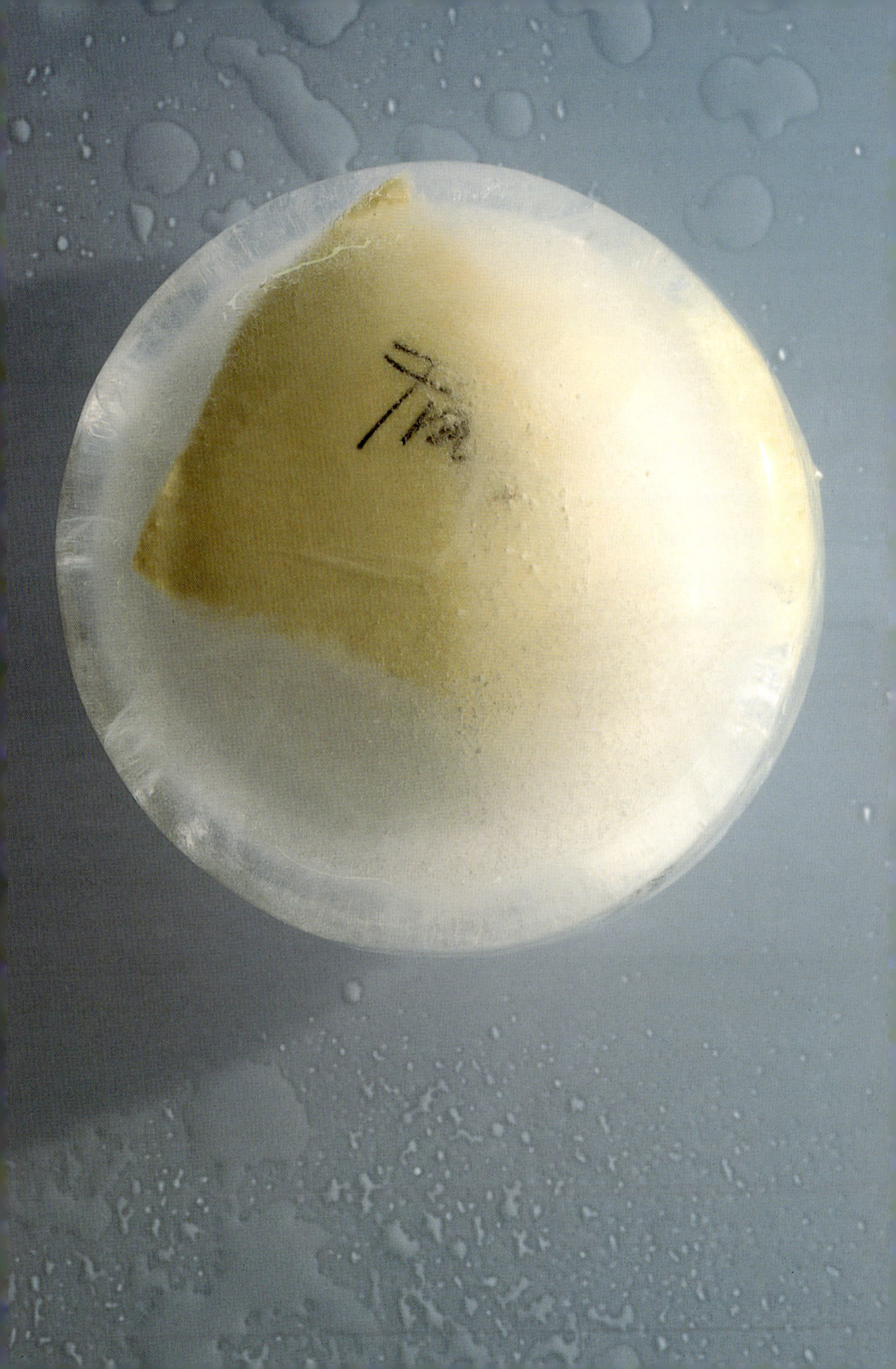

요일과 식물

일년 내내 바라거나 특별한 날에 행운이 있기를 비는 주술

필요한 것

커다란 화분

흙

식물 묘목들

이 주술은 자연의 축복을 이용해 행운을 부르는 것이다. 특히 다른 주술을 행할 때 그 주술이 성공하기를 비는 것이다. 자연의 힘을 이용해 어떤 특정한 날 행하는 당신의 모든 일에 행운을 가져다 준다.

방법

요일마다 지배하는 별이 있고, 그 별들은 각각의 색과 연관되어 있다. 특히 행운이 있기를 바라는 날의 색깔과 일치하는 허브나 식물을 심어보아라. 자신이 고른 식물이 바로 자신이 좋아하는 것이다. 중요한 것은 그것들을 사랑과 정성으로 키우는 것이다. 몸과 마음과 영혼에 조화를 가져다 줄 것이다.

태양은 일요일과 오렌지색을

달은 월요일과 흰색을

화성은 화요일과 빨간색을

수성은 수요일과 노란색을

목성은 목요일과 보라색을

금성은 금요일과 파란색을

토성은 토요일과 초록색을 상징한다.

당신에게 행운이 있기를!

데이지 꽃 목걸이

어린 시절의 행복과 운을 위한 여름의 주술

필요한 것

데이지 꽃밭

벨벳으로 만든
노란 주머니

'데이지' 란 이름은 태양과 함께 눈을 떠 새벽에 꽃을 피우고, 저녁에는 꽃잎을 오무린다는 의미의 '하루의 눈(Day's Eye)' 에서 비롯되었다. 어린이와 연관이 있는 행운과 순수함을 상징한다. 어떤 환경에서도 잘 자라고 잔디 깎는 기계의 위협도 잘 견뎌내기 때문에 생존을 상징하기도 한다. 아래 주술은 햇빛 밝은 날, 넓은 잔디밭에서 하면 좋다. 불가능하다면 작은 데이지 꽃밭도 좋다.

방법

화창한 여름날, 어린아이들과 앉아 데이지 목걸이를 만든다. 목걸이를 만들며 어린아이들에게 데이지에 관한 이야기를 들려주고, 데이지가 왜 '하루의 눈' 이라는 이름에서 비롯되었는지 알려준다. 숙녀에 대한 사랑의 징표로 데이지를 몸에 지니고 다닌 중세 기사들에 대한 이야기며, 데이지가 꺾이고 밟혀도 매년 환한 웃음으로 다시 꽃을 피우는 이야기도 해주어라. 그리고 사랑의 꿈을 꾸기 위해 데이지 뿌리를 베개에 놓고 잠을 청한 옛날 소녀들 이야기도 해주어라. 데이지 목걸이를 완성하면, 눈을 감고 이마에 갖다 대며 행운을 빌도록. 아이들이 목걸이를 완성하면 화관처럼 머리에 쓰게 한다. 그리고 같은 방법으로 행운을 빌게 한다. 손을 맞잡고 원을 그리며 춤을 춘다. 동쪽으로 일곱 번, 서쪽으로 일곱 번, 자연의 축복에 감사하며 춤을 춘다. 데이지를 주머니에 넣고 늘 지니고 다니며 행운을 빈다.

찾아보기

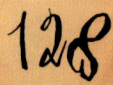

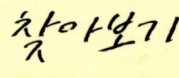